俯瞰する力

自分と向き合い進化し続けた27年間の記録

福永祐一

KADOKAWA

まえがき――「最初の決断」

1992年12月のある日、高校で普通に授業を受けていた自分に、いきなり先生がこう告げた。

「すぐに栗東《りっとう》に帰れ」

その前年、中学3年生のときにJRA競馬学校の騎手課程入学試験に落ちた自分は、高校に進学。自宅の最寄り駅である草津駅から電車に揺られること20分弱、近江八幡にある近江兄弟社高等学校に通いながら二度目の試験に挑み、まさにその結果が出るという日だった。

突然「帰れ」と言われ、「なぜですか?」と聞いた自分に先生が放ったのは、「お前の入学試験合格の記者会見を開くらしいぞ」という一言。

試験を受けた時点で注目されるであろうことはわかっていたし、実際にメディア取材も受けた。だからある程度の覚悟はしていたとはいえ、まさか合格した時点で記者会見？　なんだかよくわからないまま、言われたとおりに栗東のＪＲＡ事務所に向かったのだが……。その場に用意されていたのは、なんと金屛風《きんびょうぶ》！　生まれて初めて見た金屛風はとても眩《まぶ》しく、さすがに少々面食らった。

その後、集まった報道陣にバシャバシャと写真を撮られながら、自分の覚悟をはるかに超えた状況に、「俺が騎手を目指すって、こういうことなのか」と、そこで初めて事の重大さを知った。

（武《たけ》）豊《ゆたか》さんをはじめ、話題性のある二世ジョッキーは数多く誕生しているが、金屛風の前で入学試験合格の単独記者会見が開かれたのは、後にも先にも自分だけだろう。今でも思うが、あの騒ぎはどう考えても普通ではなかった。

ただ、先述したように注目されること、それにより過度なプレッシャーがかかること、そして誰もが「天才ジョッキー」と評する父・福永洋一《ふくながよういち》と比べられること。すべてをわかったうえでジョッキーという職業を選んだ。

さすがに金屛風には驚いたが、決して不意に襲ってきたプレッシャーではなかった。こういう状況をプラスに変えていけるかどうかは自分にかかっている――。

　それは、16歳の自分にも重々わかっていた。


　自分の騎手人生は、そんな前代未聞の〝狂騒曲〟からスタートしたわけだが、思えば20代、30代、40代と、まったくカラーの異なる三つの騎手人生を送ってきたように感じる。

　どんなに結果を出しても「センスがない」と言われ続けた20代。

　そこから挫折を経て、一度積み上げてきた技術をリセット。その後、本気でリーディング（最多勝利騎手）を目指し、実際に獲ることができた30代。

「勝てない」と言われ続けた日本ダービーを、三度も勝つことができた40代。

　生い立ちも含めて、我ながら「こんなに漫画にしやすい人生はないかもしれない」と思うほどだ。

　我ながらついでに、もう一つ。

　自分で決めたこととはいえ、今となっては騎手という道をよく選んだなと思う。なにしろ、子供の頃はもちろん、競馬学校を受験した時点でもまったく競馬に興味がなかった。

大げさでもなく、当時の自分が知っていたのは〝オグリキャップ〟と〝武豊〟くらい。豊さんにしても、競馬に乗っている姿を見たことは一度もなく、スポーツ新聞の一面をしょっちゅう飾っている〝はす向かいに住んでいるお兄ちゃん〟として憧れていたに過ぎない。

小学5年生のときに一度乗馬クラブに入ったのだが、周りは競馬の話ばかりしていて、何も知識がない自分はその輪に入れず。栗東トレーニングセンター（トレセン）の近くに住んではいたが、2年生の途中で地元の小学校から近江兄弟社学園に転校したため、同級生に競馬関係者は一人もいない環境で学校生活を送っていた。

馬に乗ること自体も面白いとは思えなかったし、むしろ「なんだこれ？　つまらん」というのが率直な感想だった。ちなみに、競馬にまったく興味のなかった自分が、なぜ乗馬クラブに通い出したのか。それだけがどうしても思い出せず、今も謎のままだ（笑）。

乗馬クラブは、1年通ってみて続けるかどうかを決めるというのが母親との約束であり、すぐに辞めるのは嫌だったから1年間は我慢して毎週通った。

でも、どうしても楽しいとは思えず、1年後、「やっぱり部活でやってるサッカーのほうが面白いや」とあっさり退会。その時点では、「将来は騎手になろう」なんて気持ちはこれっぽっちもなかった。


そんな自分がジョッキーを目指すことを決めたのは、中学2年から3年生にかけての時期だ。当時の自分は、ずっと続けていたサッカーでも中途半端な立ち位置で、勉強でもなんでも「平均よりちょっと上」程度。

何をやっても一番になれず、子供心に〝一番〟への憧れが急激に高まった。近所に住んでいた豊さんに憧れを抱いたのも、この時期だ。

では、一番になれる可能性のある分野は何か――。そう考えたときに、最も可能性を感じたのが騎手という職業だった。

乗馬経験では敵わなくても、これから騎手を目指す人の中に競馬の経験がある人はいない。ということは、周りと同じところからスタートすることができる。自分にとって、これが大きかった。

しかし、中学3年生のときに受けた入学試験は不合格。試験の少し前、体育の授業で跳び箱の着地に失敗し、足首を骨折していた自分は、運動系がメインの二次試験を満足に受けることができなかった。

考えるまでもなく、落ちて当たり前の状況だったわけだが、当時の自分はどこかで〝福永洋一の息子〟という立場にあぐらをかき、「ケガをしたまま試験を受けても合格できるのでは」「なんなら名前を書いただけでも受かるんじゃないか」くらいに思っていたのだから、一体どれほどナメていたのか。

実際に入学後、競馬学校の教官にこんなことを言われた。

「お前、最初に試験を受けたとき、ホンマにナメてただろ。2回目に受けにきたときは、態度がまるで変わっていたからな。1回目は受からなくてよかったよ」

自分でも心からそう思う。もし、何かの間違いで1回目の試験に受かってしまっていたら、どこかでものすごく痛い目に遭っていたはずだし、まったく違う騎手人生を送っていたに違いない。

試験に落ちた後はいったん高校に進学し、改めて乗馬に取り組んだ。そこで出会ったのが、後に同期となる和田竜二《わだりゅうじ》や高橋亮《たかはしりょう》だ。彼らや周りの大人たちといろいろ話しているうちに、ナメていた気持ちもいつの間にか消えていた。

しかし、その時点でもまだ競馬には興味がなかったし、「何がなんでも騎手になりたい！」というほどの強い気持ちはなく――。

そんな状況の中でも、ただ一つ確信できたことがある。それは父親が騎手で、親族にも競馬関係者が多いという環境にあり、そのための準備として乗馬もやってきたのに、ここでチャレンジしなかったら、後々絶対に後悔するだろうということ。

社会科の教師になりたいという漠然とした思いもあったのだが、はたしてその夢を叶えたとして、「あのとき騎手になっておけばよかった」と後悔しない自信はまるでなかった。

「後悔すると思ったから」――本当にこれがすべてであり、なぜか将来パッとしない人生を送っている自分がはっきりと想像できたのだ。

それにしても、競馬に興味がないのに、せっかく入った高校を中退。猛反対する母親の気持ちを踏みにじってまで、潰しのきかないこの世界に飛び込むなんて、無謀ともいえる決断である。

しかも、冒頭の〝金屏風〟でもわかるとおり、天才騎手の息子として、多大なる注目を浴びることもわかったうえで。

でも、この無謀な決断がなければ今の自分はないわけで、ジョッキー人生におけるこの「最初の決断」だけは、自分で自分を褒めてあげたいと思っている（笑）。今回、調教師への転身を決めたこともそうだが、いざというときの直感力、そこからの決断力は、人よりも多少あるのかもしれない。

そして、それ以前に「何かで一番になりたい」、これが一番の動機だった。

デビューするまでは、「天才の息子なんだから、自分もその可能性があるかもしれない」なんて心の片隅で思っていたが、残念ながら……自分は天才ではなかった。

もっと言えば、センスすらなかった。

その事実を早々に思い知らされ、ジョッキーとして等身大の自分と向き合い続けた27年間――。

結果的に、すばらしいジョッキー人生を送ることができた。センスがあったら通ることのなかった道を通り、見ることのできなかった景色を目の当たりにし、今となっては「天才でなくてよかったな」と思える自分がいる。

特別なことをしてきたつもりはまったくない。ただ、「今のままの自分でいい」と思った時期は一度もなかったし、その時代ごとに自分なりに歩みを進めてきた自負はある。

しかし、そういう生き方を人に押しつけようとは思わない。幸せの価値観は人それぞれだし、今の自分に満足している人もたくさんいて、それはそれでとても素敵なことだと思う。仕事で成功することに対するプライオリティも人それぞれだ。

だからこそ、この本は「こういう人に読んでもらいたい」というような明確な意図を持って書いたわけではない。

自分にとっての備忘録のようなものであり、ただ単に「福永祐一はこうやって生きてきました」という一人のジョッキーの半生を綴った読み物として、共感するも、参考にするも、「へぇ〜、そうだったんだ」で終わるも、すべては読み手のみなさんに委ねたいと思っている。

まずは、まえがきとして「最初の決断」。そしてジョッキーとして「最後の決断」を下すまでの漫画のような人生を、10のキーワードで振り返っていこうと思う。

2024年3月

福永祐一

俯瞰する力「目次」

自分と向き合い進化し続けた27年間の記録

第3章 執着 Obsession

第4章 慢心と攻撃 Arrogance and Aggression

第5章 ダービー Japanese Derby

第6章 欲のコントロール Control My Greed

第7章 直感と心の声

Intuition of the Heart

第8章 影響～福永祐一を作った人々

Influence

第9章 パーソナリティ Personality

・ブックデザイン／菊池 祐
・本文DTP／荒木香樹
・スタイリスト／イケガミジュンコ
・ヘアメイク／平塚美由紀
・写真／髙橋由二、森内智也、HARUKI
・マネジメント／久須美亮太（ホリプロ）
・構成／不破由妃子
・校正／東 貞夫
・編集／河村伸治

第 1 章

コンプレックス

Complex

デビュー週からすごい数の報道陣に囲まれて……

JRA初となる女性ジョッキー3人（田村真来《たむらまき》、細江純子《ほそえじゅんこ》、牧原由貴子《まきはらゆきこ》）に、同じくJRA初の双子ジョッキー（柴田大知《しばただいち》・未崎《みさき》）、そして「天才騎手」の息子である自分。何かと話題性のあった自分たちの期は「花の12期生」と呼ばれ、デビュー前から注目を集めていた。

競馬学校時代、乗馬で圧倒的な成績を収めていたのは牧原由貴子。難しい馬も難なく乗りこなし、とにかく乗馬が上手だった。それに続いたのが高橋亮で、最終的に自分は3、4番手くらいの成績だったと思う。

学校の授業は、1年目は乗馬がメインで、自分の成績はもうひとつだったし、相変わらず面白さを感じられずにいた。しかし、2年目に競走姿勢の授業に変わったときに思いがけず成績が上がり、最後まで一番にはなれなかったが、馬に乗ることの面白さを実感できるようになった。

「これならデビューしても、そこそこやれるんじゃないか」

そんな手応えを少しだけ感じながら、デビューの日を迎えたのだった。

所属したのは、栗東の北橋修二《きたはししゅうじ》厩舎《きゅうしゃ》。北橋先生とは父親が作ってくれた縁であり、子供の頃から動物園や外食に連れて行ってくれるなど、本当の息子のようにかわいがってくれた人だ。

そんな北橋先生と同郷であり、親友としていつも行動を共にしていたのが瀬戸口勉《せとぐちつとむ》調教師。古くはオグリキャップを管理し、ネオユニヴァース、メイショウサムソンという2頭のダービー馬を送り出した名トレーナーである。

自分は、デビュー以降それぞれの厩舎が解散するまで、この二人の調教師から絶大なるバックアップを受けた。瀬戸口先生はおそらく「福永祐一を一人前のジョッキーにする」という北橋先生の覚悟を買ってのことだと思うが、所属の北橋厩舎同様、ほぼすべての管理馬の手綱を自分に託してくれた。

自分が調教師という立場になって改めて思うが、いくら今とは時代が違うとはいえ、厩舎のほぼすべての馬に新人を乗せるなんて、なかなかできることではない。だが、当時の自分にはそれが現実であり、同期よりもだいぶ前にスタート地点が設定されていることも十分すぎるほどにわかっていた。

1996年3月2日、中京競馬場。初日から8頭の乗り馬を準備してもらった自分は、第2レースのマルブツブレベストで初騎乗初勝利を飾り、続く第3レースのレイベストメントでも勝つことができた。

翌日にもオキノテンフォーで勝利し、デビュー週は16戦3勝。16戦中、13頭が5番人気以内という新人の初週としてはあり得ない布陣だった。

あとから聞いたところ、豊さんでさえ初日はそれほどいい馬に乗れなかったというから、そんな状況でデビューしたのは、後にも先にも自分くらいだと思う。それもこれも父親の名前があってのことだし、師匠である先生が馬を集めてくれたからこそ。

なかでも2勝目のレイベストメントは、出走すればいつでも勝てるような馬で、北橋先生が自ら馬主さんにお願いし、自分のデビュー日まで出走を待ってもらっていた

デビュー初騎乗初勝利　1996年　撮影／高橋由二

と聞いた。

だから、いきなり3勝を挙げたからといって、調子に乗ることは決してなかった。レースの結果以前に、人として父親や先生の顔に泥を塗るようなことだけはしてはいけない、迷惑をかけてはいけない——当時から常にそういう思いがあった。

このデビュー週に関して、いまだに忘れられない光景がある。初日が終わった後、インタビューの場が用意されていたのだが、そのときの報道陣の数といったら！　スポーツ紙だけでなく、一般紙の記者たちも数多くいて、おそらく騎手人生で受けたインタビューにおいて、あのときの記者の数が一番多かったと思う。

その場で自分が何を語ったのか。おそらく高揚していたこともあってあまり覚えていないのだが、記録によると「いくら勝ち星を重ねても、父を超えることはできない。なぜなら、騎手ではないもう一人の（苦しいリハビリに立ち向かい続けた）父がいるから」というようなことを話したらしい。

最近、その言葉を人伝《ひとづて》に聞いて、我ながら「いいこと言ってるな」と感心した（笑）。考えてみれば、デビューから引退するまで、「父を超えることはできない」という思いは一度たりとも変わることはなかった。

デビュー初期の頃、「目標の騎手は？」と聞かれて「父です」と答えていた時期も確かにあったが、それは、求められている答えを察してのこと。そこで斜め上の答えを返すほど自分は野暮な人間ではない。

騎乗する自分の姿を見て「俺、センスないな」

デビュー2週目からも順調に勝ち星を積み重ね、3月2日のデビューから約1カ月、第1回中京競馬で12勝を挙げ、いきなり開催リーディングを獲ることができた。

デビューしたばかりの新人がいきなり開催リーディングを獲るなんて、古今東西、あり得ないことだろう。それだけ北橋先生が馬を集めてくれていたからにほかならず、それがわかっていたから、浮かれるような心の隙間なんてこれっぽっちもなかった。

それどころか、レース後のルーティンとして、検量室にあるモニターで自分の騎乗を見直しているうちに、気づいてしまったことがあった。

「俺、センスないな」

センスがあるジョッキーというのは、パッと馬に乗ったときに安定感があり、騎乗フォームも美しい。要は〝鞍《くら》はまり〟がいいのだ。

自分も、走路を1頭ずつ走ることが多かった競馬学校のときは、慌てることなく、それなりに格好がついていたはずだが、多頭数で競う競馬となると必要以上に気持ちが入って舞い上がり、勝負どころでへっぴり腰に。自分のそんな映像を繰り返し見ていると、センスのなさを自覚せざるを得なかった。

同業者であるジョッキーが見れば、バランスの良し悪しや下半身の安定感の有無など、ひと目見ればすぐにわかる。先輩となればなおさらで、いつの日からか話しかけても相手にされず、陰でクスクスと笑われていることに気づいた。

「あいつ、センスないな」

「騒がれているけど、大した騎手にはならないぞ」

そんなふうに、みんな思っていただろう。直接的な言葉をかけられたわけではないが、その場で先輩たちの雰囲気を見ていればわかる。

実際、30代後半になってから四位《しい》（洋文《ひろふみ》調教師）さんと対談したとき、「先輩たちは自分のことをどんなふうに言ってたんですか？」と聞いたら、「『ひでぇーな』と

（笑）。何を言っていたというより、クスッと笑っていた感じかな」と言われた。思ったとおりだった。

福永洋一の息子がデビューするとなれば、先輩たちも当然のごとく注目する。そんな中で実際に騎乗を見た結果、「こいつはすぐに消えるだろう」と思った先輩も少なくないはずだ。

そんなこともあって、当時の自分の技術にはコンプレックスしかなかったわけだが、幸いなことに、落ち込んでいる暇も、腐っている時間も、誰かに泣きごとを聞いてもらう余裕すらなかった。

とにかく北橋厩舎と瀬戸口厩舎の馬は全部自分に乗せてくれるし、ほかにも先生たちの尽力でどんどん騎乗依頼が入ってくる。新人にして1日10鞍は当たり前。予想紙では印がついていない馬でも、自分が乗ると人気になる、なんていう現象もあった。

フォームの改善は後回し、まずは戦術スキルを磨いた

だから、笑われようがバカにされようが、それどころではなかったというのが正直なところで、今となっては、そうした状況に救われた部分もあったのかもしれない。とにかく、「どうやって結果を出すか」。考えていたのは、その一点だった。

なにしろ北橋先生と瀬戸口先生は、ほぼ無条件に新人の自分を乗せてくれるわけで、勝たないことには、間違いなく先生たちに迷惑をかける。そうならないためには、どうするべきか――。

次々と騎乗依頼が舞い込む中で、悠長に構えている時間はなかった。

そのときの自分が身につけられる技術において、どれが最も勝利に直結するかを考えたとき、スタートは基本として、そこからのポジション取りや動くタイミングなど「戦術面のスキル」を上げることが勝利への近道なのではないかという、一つの結論

にたどり着いた。

もちろん、並行してフォームの改善にも取り組めればベストだったし、同時にできる人もいるのかもしれないが、残念ながら、自分にはそこまでのキャパシティがないことはわかっていた。

そうなれば、選択肢は二つ。時間がかかってもフォームの改善に取り組むか、フォームは後回しにして戦術面のスキルを磨くか――。

そのときの自分には、コンプレックスを解消するために後者を犠牲にするという選択は、とてもじゃないけどできなかった。

同世代の騎手たちの多くが大きな鏡の前で木馬に乗り、フォームや追い方の改善に余念がない中、各競馬場の各コースに応じた戦法を考え、開催日ごとに馬場のどこを通るのがベストかを見極め、相手関係を見てペースを予測し、最も勝てる可能性が高いポジションを探るなど、とにかくレースメイクにまつわるスキルを磨くことに専念した。

その成果がどの程度あったのかはわからないが、1年目53勝、2年目62勝、3年目

52勝（すべてＪＲＡのみ）と、一定ラインの勝ち星はキープすることができた。

そのおかげで、というのも変だが、その後も10年以上、騎乗フォームの大改善に取り組むことなく、コンプレックスを抱えたまま競馬に乗り続けていた。しかし、どんなに数を勝っても、どんなにＧＩを勝っても、同業者であるジョッキーの目はごまかせない。それはずっと感じていた。

勝たなければ、結果を出さなければ、悔しさをバネにしなければ――。今振り返ってみても、デビュー後の数年はとにかく必死だった。

心の中にあったのは、「北橋先生、瀬戸口先生に迷惑をかけてはいけない」という強い意志と、「自分を笑っている先輩たちをいつか見返してやる、結果を出しまくって黙らせてやる」という強い気持ち。

そんな思いが自分の向上心を支え、発奮材料になっていた。

当時SNSがあったら、前に進めなかったかもしれない

たられば の話だが、もし当時、現代のようにSNSが発達していて、競馬を見ている人たちの心ない言葉がもっと簡単に目に入ってくるような時代だったら……。はたして自分は強い気持ちを持ち続けることができただろうか、と考えたことがある。

ずいぶん経ってから先輩に「お前、デビュー当時はセンスなかったよな」と笑い話の一つとして言われたことはあるけれど、先ほども書いたように、当時はバカにされていることを察しつつも、直接的な言葉をぶつけられるようなことはなかった。だからこそ、心が折れるまでに至らず、自分なりに発奮材料として消化できたところもあっただろう。

もし現代のように、たとえ間接的にであっても、自分に対する心ない言葉をダイレクトに目にしてしまう機会が頻繁にあったとしたら、おそらくもっと思い悩み、当時

のように強い心を持って前に進むことはできなかったかもしれない。

今になってわかることだが、「周りの人が自分をどう見ているか」という情報が入ってこない時代、ＳＮＳというツールがまだなかった時代に、騎手人生をスタートさせることができたのはラッキーだった。そこはちょっと時代に救われたような気がしている。

馬主さんからの「福永を替えろ！」の声に……

ここまでに何度も触れてきたが、師匠である北橋先生と、その親友である瀬戸口先生には、無償の愛ともいえる多大なるバックアップを受けた。

この二人の先生には、どんなに感謝してもしきれない恩義を感じているが、デビューしてから２００６年に北橋厩舎、２００７年に瀬戸口厩舎が解散するまで、「先生たちに迷惑をかけてはいけない」というものすごい重圧があったのも事実だ。

実際に、馬主さんから「福永を替えろ！」という声が上がっていることも知っていた。しかも、そういう声に対して、先生たちは異口同音にこう答える。

「ウチは祐一を乗せます。それが嫌なら、馬をよその厩舎に連れていってください」

先生たちに、そんな言葉を言わせないためには、自分が結果を出すしかない。「福永洋一の息子」としてのプレッシャーはまったくなかったけれど、先生たちに迷惑をかけることなく、何とかその思いに報いなければというプレッシャーは、独り立ちするまでずっと感じていた。

そうした馬主さんの言葉が自分の耳に入らないよう、先生たち自身が防波堤になってくれていたのだが、ある日、瀬戸口厩舎でその現場に立ち会ってしまったことがある。自分がいる横で馬主さんと電話をしていた瀬戸口先生が、「じゃあ、よそに持っていってください」と言ったのだ。

馬主さんの「福永を替えろ」という言葉への返事であることは、すぐにわかった。しかし、それ以上に「本当に『よそに持っていってください』って言うんだ……」と胸がギュ－ッとなったことを鮮明に覚えている。

そのほかにも、馬主さんから「祐一くんは、うまくないねぇ」と言われてしまうことが少なからずあり、人伝に自分の耳にも入ってきていた。

エアの冠名で有名な吉原毎文《よしはらつねぶみ》オーナーも、そのうちの一人。オーナーの奥様が、自分がデビューする前に放送された福永家のドキュメンタリー番組を偶然見ていたらしく、「私はこの子を応援する。そして絶対にトップジョッキーにするんだ」と、ご本人いわく「勝手に決めた」という。

実際、自分を乗せるために北橋厩舎に馬を預託。吉原オーナーの「なぜ、あんな下手な子を乗せるんだ」という反対を押し切って、騎乗依頼をいただいていた。奥様は、自分がリーディングを意識するずっと前から、「祐一ならリーディングジョッキーになれるから、自分を信じなさい」と言い続けてくださった。

そして、本当にリーディングを獲った頃には、吉原オーナーも「最初は、妻が祐一を乗せたいと言うたびに反対していたけれど、いつの間にうまくなって。もうお願いしても乗ってもらえないな！」と冗談混じりに褒めてくださり、「やっと認めてもらえた」とうれしかったのを覚えている。

その後も、吉原オーナーご夫妻とは良いおつき合いをさせていただき、それは調教師になった現在も続いている。当時は厳しい意見に傷つくこともあったが、今ではありがたいことだと受け止められるようになった。

常にあった「あっという間に淘汰される」という恐怖

こうしてデビュー初年度から、否応なしに自分の才能と向き合ってきたわけだが、北橋先生と瀬戸口先生のおかげで、ＪＲＡ賞最多勝利新人騎手を獲得できた。30勝以上を挙げた新人騎手がその対象になる中、自分は53勝を挙げての受賞。取りこぼしたレースは数えきれないほどあるが、まずは師匠である北橋先生に恥ずかしい思いをさせずに済んだというホッとした気持ちがあった。

それ以前に、新人賞は獲って当たり前、獲らなければいけない立場にいることは重々わかっていた。天才として語り継がれていた父親の名前に加え、同期とは比べ物にならないほどのバックアップを得ていた自分は、ほかの9人よりもはるか前に設定されたスタート地点から騎手人生を歩み出したことを自覚していたからだ。

とはいえ、和田も33勝と新人賞のラインをクリアしていたし、古川《ふるかわ》（吉洋《よしひろ》）も（柴田）大知も（高橋）亮も、初年度から20勝を超えていたはず。ほかの期と比べても、かなり優秀な期だったと思う。

しかも和田は、デビュー初年度に重賞を勝ち（ステイヤーズS・サージュウェルズ）、古川に至っては、2年目に早くもGIを制覇（阪神3歳牝馬S・アインブライド）。正直、当時の心境を明確に思い出すことはできないが、同期の活躍を素直には喜べなかったはずだし、おそらく焦りにつながったところもあったと思う。

なにしろ、プリモディーネで初めてGIを勝ったとき（1999年・桜花賞）、まだ4年目だというのに「お待たせしました」とコメントしたくらいだから（笑）。

とはいえ、長いジョッキー人生において、同期をライバル視したことは一度もない。勝っているジョッキーが上にたくさんいる以上、そこを目指すべきだと思っていた。より高いところを見続けていれば、その中間地点は知らぬ間に超えている――。

そういうものだとも思っていた。

もちろん、野球でいう大谷翔平選手のような存在が同期にいれば話は別だが、設定されたスタート地点が違った以上、同期の中で一番を獲ればいいという立場ではないことはわかっていた。

一言に同期、同年代といっても、仕事に対する考え方やモチベーションの方向性はそれぞれ違う。全員が全員、トップジョッキーを目指しているわけではないし、自分が定めた目標に向かってストイックに取り組んでいる人間もいれば、そこに重きを置いていない人間もいる。何を良しとして、何に心が満たされるかは人それぞれだから当然のことだ。

そういう温度差があることがわかっていたから、自分は最初から独身寮には入らなかった。もちろん実家が近かったという理由もあるが、モチベーションに温度差がある人間が混在する独身寮で生活をすると、変な安心感が生まれて、やりたいことをやりきれなくなるのではないかという不安があったからだ。

それくらい自分のスタート地点が人とは違うことを意識せざるを得なかったし、

ヨードンと同時に走り出して、あっという間に追いつかれたとしたら、人よりもはるか前でスタートを切ったぶん、自分の足の遅さが嫌でも際立つ。

「あ、こいつはダメだ……」と認識されたが最後、潮が引くように周りから人がいなくなるのは容易に想像ができた。スタート地点が前にあるということは、見方を変えればそうしたデメリットもはらんでいた。

結果を出せなければ、あっという間に淘汰される――。その怖さは常にあったし、むしろその恐怖にずっと追われていたような気がする。

第 2 章

岩田康誠

Yasunari Iwata

フリーになって突きつけられた自分の限界

デビュー10年目にあたる２００５年は、20代最後の年にして年間勝利数が初めて１００の大台に乗り（１０９勝）、重賞も過去最多の16勝をマーク。

そのうち5勝がＧⅠ（フェブラリーＳ・メイショウボーラー、桜花賞／ＮＨＫマイルカップ・ラインクラフト、オークス・シーザリオ、朝日杯フューチュリティＳ・フサイチリシャール）であり、シーザリオでアメリカンオークスを勝ったのもこの年だ。27年間に及ぶジョッキー人生の中でも1、2を争う華やかな年で、年間重賞勝利数とＧⅠ勝利数に関しては、最後までこの年を上回ることができなかったほどだ。

仕事は充実していたし、プライベートもさながら我が世の春。これだけの結果を出せば、さすがに先輩たちからのクスクス笑いも聞こえてこない。デビュー当時にあれだけ強烈に感じていたコンプレックスもいつしかぼんやりとしたものとなり、勢いの

ラインクラフト　桜花賞　2005年　撮影／髙橋由二

ままにリーディングにも色気を持ち始めていた時期だ。

今思い出しても、2005年は楽しかった思い出しかない。そして、ここから上昇気流に乗っていく未来しか見えなかった。

しかし、翌年以降の展開は、正反対と言ってよかった。自分のジョッキー人生を俯瞰《ふかん》で見ると、皮肉にもこの2005年が前半戦のピーク。当時は知る由もないが、上昇気流に乗るどころか、下降気流への入り口だったのである。

2006年、自厩舎である北橋厩舎が、先生の定年により解散。調教師の70

歳定年制は、自分がデビューしたときにはすでに始まっていたから、30歳になる年にフリーになるのは既定路線だった。

後ろ盾を失うのは騎手にとって大きなことだが、自分にはまだ瀬戸口厩舎という牙城があった。とはいえ、北橋先生の一つ年下である瀬戸口先生も、定年まであと1年。なぜか自分はその事実を「まだ1年ある」と捉え、完全に独り立ちすることへの危機感のようなものを抱けずにいた。

ちなみに2006年の年間勝利数は88。前年から20勝以上のマイナスで、2年続いていたキャリアハイの更新もストップ。重賞勝利も7勝と、前年からはだいぶ数字は下がったが、それでもまだラインクラフトやフサイチリシャールが活躍を続けてくれていたおかげか、なんとなく2005年の余韻を享受することができていた。

翌2007年2月、ついに瀬戸口厩舎が解散。

勝ち星が目に見えて減ったわけではなかったが、重賞やGIでチャンスのある馬に騎乗する機会が明らかに減ったことは、もう認めざるを得なかった。

後述するが、これは自分がフリーになったこととも一つ、前年の2006年3月に兵庫から岩田《いわた》（康誠《やすなり》）くんが移籍してきたことも大きく関係していたように思う。

「やっぱり俺は、二人の先生の後ろ盾がなくなったら、こんなもんなんだな……。結局、いい馬に乗せてもらっていただけなんだ」

そんな現実を突きつけられ、初めて危機感を覚えたのと同時に、ジョッキーとしての自分に限界を感じつつあった。

同世代に対し初めて芽生えた嫉妬心

岩田くんが頻繁に中央で乗り始めたのは、確か2002年頃だったと思う。当時は地方競馬に所属したままのスポット参戦で、地方所属騎手として初めて中央競馬のGⅠ（2004年菊花賞・デルタブルース）を勝つなど、その存在感は際立っていた。

とはいえ、自分もコンスタントにGⅠを勝ち出した一方で、相変わらず北橋、瀬戸口厩舎に対する責任感に追われていた時期でもあり、そこまで強く意識するまでには至らなかった。

そんな岩田くんが2006年、北橋厩舎の解散と同時に、中央競馬に移籍してきた。先述したように、自分が前年から大きく勝ち星を減らす一方で、岩田くんはいきなり126勝を挙げ、全国リーディングで3位となる活躍を見せた。

年齢は岩田くんのほうが2つ上だが、言うなれば同年代。さすがに意識せざるを得なくなった。それまでの10年、コンプレックスを抱えながらも同世代をライバルとして意識したことはなかったし、第1章でも書いたとおり、もっと上にいる人たちを目指さなければと思ってやってきた。

しかし、そのポジションを目指してはいたものの、上にいる先輩たちは自分と比べてどうこうという枠を超えた人たち。だが、岩田くんは違った。同世代だったことが大きいが、ジョッキーになって初めて誰かと自分を比較し、その才能に嫉妬したのだ。

自分が理論に基づいて戦術面を磨いてきたのに対し、岩田くんはすべてが〝感覚〟。自分から見ると、まるで感受性の塊だった。

移籍からしばらく経ち、某雑誌で岩田くんと対談する機会があった。その際、騎乗論の話になったのだが、彼は「馬の骨の動きを感じながら乗っている」と話した。晩年は自分も馬の骨格や筋肉の動きに合わせて乗っていたから、今なら深く理解できるのだが、当時は「はぁ？　骨？」と答えるのが精一杯。そういった感覚は、岩田くんには絶対に敵わない。嫌でも自覚させられた。

もう一つ、嫉妬心を煽《あお》ったのは、エージェント（馬主や調教師からの騎手に対する騎乗依頼を仲介する代理人）が同じ小原靖博《こはらやすひろ》さんだったことも大きい。自分もいい馬を任されていたが、岩田くんはそれ以上。いい馬のほとんどが岩田くんに回っているように見えて、「なんで自分じゃないんだ」という思いが常にあった。

とはいえ、実際に岩田くんはものすごい勢いで勝っていたから、ＧＩでも次から次へとチャンスのある馬が回ってきて、それこそ上昇気流の真っただ中にいるような状況だった。

そんな状況に不満を抱きつつも、その思いは口に出せない。誰にもぶつけられない。素直な思いを誰かに吐き出せればよかったのだろうが、自分にはそれができなかった。だから、発散する術を見つけられないまま、妬みばかりが募っていった。

今振り返っても、当時は嫌な感じだったと思う。単純に、嫉妬心に覆われている自分を自覚するなんて、ものすごいストレスだ。そんな自分は嫌だと思いつつも、妬み嫉《そね》みは湧き上がってくるものだから、自分ではなかなか制御できない。岩田くんが好循環の波に乗る中、自分は完全に負のスパイラルに陥っていた。

ちなみに、不思議に思う人もいるかもしれないが、嫉妬心を自覚しながらも岩田くんとは仲がよかった。妬みがあるからといって、相手に対して攻撃的な態度を取ったり、それを周囲にあからさまに見せたりするようなことはしない。人間性と仕事の事情は別だ。

実際、「岩田くん、岩田くん」と言って自分からよく話しかけていたし、ご飯を食べに行ったり、四位さんと3人でよく飲みに行ったりもした。なにしろ、同世代で初めて出てきた勝ち星を競い合う相手であり、しかも自分にないものを持っているジョッキーだったから、純粋に興味があったのだと思う。

そろそろ調教師を目指して……現実からの逃避

北橋厩舎、瀬戸口厩舎の解散と岩田くんの中央移籍が重なり、自分の限界を感じ始めていた2007年、エイシンドーバーに騎乗した京王杯スプリングカップで、その年初めて重賞を勝つことができた。勝利ジョッキーインタビューで思わず出た言葉が、「これでもう少しジョッキーを続けられそうです」

周囲はこの発言に驚いたそうで、翌日のスポーツ紙でもかなり大きく取り上げられたが、自分としては冗談でも何でもない、本心だった。思えば、精神的に最も追い込まれていて、ジョッキーを辞めることも本気で考えていた時期。だからこそ、この勝利に救われた気がしたのだ。

とはいえ、この1勝で一気に霧が晴れたわけではない。ジョッキーとして自分にはもう伸びしろはないと思っていたし、このまま頑張ったところでどうせ一番にはなれないのだから、調教師を目指すという道もそろそろ考えなければ……。そんなことを考えながら、しばらくは悶々とした日々を過ごしていた。

でも、今ならはっきりとわかる。これは明らかに自分への言い訳であり、調教師への転身にしても、つらい現実からの逃避である。傷つきたくないから、傷つく前に自分を守る。こうした一面は子供の頃からあって、それは今でも少なからず残っている。

それにしても、あのとき調教師を目指さなくて本当によかった。

結果論だが、あの状況で「ジョッキーがダメなら調教師に……」なんていう考えで仮に転身できたとしても、うまくいくはずがないのだ。なぜなら、何の行動も起こさず、頭の中だけで自分を追い込んで、自分で自分に言い訳し、今いる場所から逃げようと思っていただけなのだから。

もし、あのときに調教師を目指していたら――ほんの少しのボタンのかけ違いで、良くも悪くもまったく違う人生につながる。そう考えると、背筋が凍る思いだ。

リーディングなんて獲れるわけがない

何かで一番になりたくてこの世界に入ったからには、当然「いつかはリーディングジョッキーに」という思いはあった。

自分がデビューしてからというもの、2008年まで全国リーディング1位はずっと豊さんで（2001年のみ蛯名正義《えびなまさよし》騎手　※現調教師）、なかでも2003年から2005年は3年連続年間200勝超えと、それはもう圧倒的だった。

2003年は2位の（柴田《しばた》）善臣《よしとみ》さんと85勝差、2004年の2位も善臣さんで66勝差、2005年は2位のノリさん（横山典弘《よこやまのりひろ》騎手）と78勝差。この2位との差を見れば、いかに独走状態だったかがわかるだろう。

そんな圧倒的な差を見せつけられているうちに、自分も周囲もいつしかあきらめの境地に。実際に「リーディングなんて獲れるわけがない」と口に出してもいた。

でも、たった一人、そんな空気を断ち切ろうとしていたのが岩田くんだった。彼は〝テッペン〟を獲るために中央に移籍したと言い、その熱い思いを自分にもぶつけてきた。

「祐一くん、世代交代を実現させるために、一緒に戦おうや。二人でもっともっと上を目指そう」

そんな岩田くんに対し、自分がどう答えたかというと……

「うん……。でも無理だよ。無理だって（苦笑）」

完全に牙を抜かれていた。そんな自分に、

「祐一くん、そんなんじゃアカン。一人では世代交代はできひん。一緒に上を目指そうや」

岩田くんはそう言って、何度も何度も発破をかけてくれた。すぐには同じ気持ちになれなかったが、岩田康誠という存在、そして彼の言葉の数々が、自分に変化をもたらしたのは紛れもない事実。

自分が進化しなければ、そんな岩田くんとも対等に戦うことはできない。初めて自覚した嫉妬心は、こうして大きな変化のきっかけになったのだ。

改めて振り返ってみると、何がすごいって、気づいたら牙を抜かれていたという状況を作った豊さんだ。豊さんがそうした状況を意図的に作ったのかどうかは別として、自分がトップに立つために、相手の心をへし折る、牙を抜く、闘争心を削《そ》ぐというのは、ものすごく大事な戦術だ。

勝負の世界では、「この人には敵わない」と思わせた時点で勝ち。何年もの間、多くのジョッキーをそう思わせ続けた豊さんは、本当にすごいと思う。

理論派の騎手と感覚派の騎手の違い

「競馬界屈指の理論派」――自分は長らくそんな見方をされてきたが、実はそう言われることをあまり歓迎していない。なぜなら自分の場合、天才でなかったがゆえに、勝ち続けるには理論を突き詰めるしか術がなかったから。そうせざるを得なかった結果だからだ。

もちろん、考えて乗ることは大事だ。感覚派と言われる人であっても、何も考えずに乗って勝てるほど競馬は甘くない。ただ、感覚派の人は、理詰めでは乗らない。

本音を言えば、自分も感覚を駆使して勝ちたかったし、感覚派と呼ばれる面々に入りたかった。

馬は生き物であり、人間がそうであるように、一日として同じ精神状態、同じ体調の日はない。だから、ジョッキーは感覚で勝てるのが一番。今でもその思いは変わらない。

自分の中で「究極の感覚派」といったら、やはり岩田くんだ。感覚で馬を速く走らせることができるのだが、あくまで感覚だから、その手法を人に伝えるのは難しい、というような。それこそ天賦の才。彼はそういう才能の持ち主だと思っている。

ちなみに、豊さんも感覚派に近いイメージがある。あくまで自分のイメージだが、周りが思っているほど理論に頼らず、豊さんならではの感覚で乗っているような気がする。若い頃はプライベートでずっと豊さんと一緒にいたのに、一度もそういう類の話をしてくれたことがないため、真偽のほどは定かではないが（笑）。

一番仲が良い後輩として長い時間を共に過ごしてきた（川田《かわだ》）将雅《ゆうが》は、自分と同じく、とことんまで考えるタイプだが、自分と違うのは騎乗センスがあること。将雅が競馬学校生の頃、トレセン研修に来た際に、将雅たちの期が馬に乗っている姿を一緒に見ていた四位さんが、おもむろにこう聞いてきた。

「祐一、この期で誰が一番伸びてきそうだと思う？」

「川田じゃないですか」

自分は即答。ほかの子とは〝鞍はまり〟が全然違ったからだ。

〝鞍はまり〟については第1章でも触れたが、簡単に言うとパッと馬に乗ったときの安定感であり、安定感があれば、必然的にフォームも美しい。それは、いわゆるセンスであり、当時から将雅のセンスの良さは目についた。

将雅は人づき合いが苦手で、最初は苦労したわけだが、センスのある人間が人一倍努力をすれば、やっぱり強い。２０２２年に６年ぶりとなる日本人リーディングを獲り、史上４人目の騎手大賞（最多勝利、最高勝率、最多賞金獲得の３部門すべてでトップだった騎手に与えられる賞）に輝いたときも、まったく驚きはなかった。センスがあっても思ったように頑張れなかった人もたくさんいるから、やはり「努力をすること」「その努力の方向性を間違わないこと」が大事なのではないかと思う。

自分は対極にいるからか、感覚派のデメリットを感じることもある。これは誰かを指しての印象ではなく、あくまで全体像だが、感覚で乗っているぶん、自分がうまく乗れたときの理論づけをする必要性がないから、逆にうまくいかなくなったときのリカバリーに苦労するのではないかと想像する。

なぜうまく乗れたのか、なぜうまく乗れなかったのか。自分はそのすべてに理論づけをしていたから、たとえうまくいかないことが続いても、すぐに修正していくことができた。感覚で乗っていると、おそらく修正が利きづらい。そこは数少ないデメリットであるような気がしている。

自分にはセンスがなくてよかった

将雅について、「競馬学校生の頃からセンスの良さが目についた」と書いたように、同業者であれば、ひと目見ただけで〝鞍はまり〟の良し悪しはわかる。自分が先輩たちから笑われたのもそこだ。

将雅はともかく、最初からセンスを感じさせる子というのは、新人時代から「うまいね」と声をかけられ、得てしてちやほやされがち。だからなのか、そこで成長が止まってしまう子も多い気がする。

実際、最初は「もうひとつかな」と思った子が徐々に変わってきて、ちやほやされていた「最初からうまい子」を超えていくケースを何度も見てきた。徐々に変わってきたということは、自分の足りないものに気づいて修正したということ。もし、ちやほやされていた子に慢心があれば、あっという間に逆転されて当然なのだ。

なぜなら新人時代に「うまいね」と言われる子は、あくまでセンスがあるだけであって、レースで即通用する技術があるわけではない。ちやほやする周りの大人たちの責任もあるが、それを理解せずに研鑽《けんさん》を怠った結果、思ったよりも伸びず、いつの間にか埋もれてしまう。悲しいかな、そういう子が多い気がするのも事実だ。

もちろん、優れた感覚やセンスは重要な要素で、それが岩田くんくらい突出したものであれば、感性だけでトップに上り詰めることもできるだろう。でも、それは本当に選ばれし人だけ。最初から目を引いた将雅だって、もし最初からちやほやされていたら、どうなっていたかわからない。

自分がデビューした頃は、「天才の息子」という別の意味でちやほやされたが、「最初からうまい子」ではなかったし、自分でもそれがわかっていたから、勘違いすることも慢心することもなかった。

自分がここまで来られたことを考えると、大切なのは、もう一つの目を持って、自分を俯瞰できるかどうか。そのうえで、自分は何に優れていて、何に劣っているかという自己分析をきちんとできるかどうかだと思う。

それができれば、あとは自分に合った手段を探し続けること、それを察知するアンテナの感度を保っておくこと。そして、そうした歩みを止めないこと。

自信がある人は、壁にぶち当たったときにその原因を周りに求めてしまいがちだが、嫌というほど自己分析をしていた自分は、大きな壁にぶち当たったとき、「ゼロになろう」と決めた。詳しくは次章に譲るが、そうした決断を経て今にたどり着いた自分としては、「センスがなくてよかった」とすら思う。

もちろん、最初からあり余るセンスと才能があったら、岩田くんに嫉妬することも、挫折感を味わうこともなかったのかもしれない。しかし今、ジョッキーとして歩んだ27年間を振り返ったとき、そこには確かに誇れるものがある。もしセンスと才能があったら、手に入れられなかったものがたくさんあったからだ。

第 3 章

執着

Obsession

執着のなさこそ自分の最大の強み

北橋厩舎と瀬戸口厩舎という二つの大きな後ろ盾を失ったこと、兵庫から岩田くんが移籍してきたこと、ジョッキーとしての自分に限界を感じ、本気で引退を考えたこと。30歳前後の約2年間で、これら三つの大波が一気に襲ってきた。

精神的につらかったし、とことんまで挫折感を味わった。嫉妬にまみれた嫌な自分から抜け出せないストレスフルな日々もあった。でも、今となっては、この三つの衝撃を同時期に受けて本当によかったと思う。

なぜなら、自分にはまだやっていないことがあることに気づき、ここまでのキャリアを一度捨て、後回しにしてきた「馬乗りの技術」をゼロから学ぼうと思えたからだ。

それに、馬乗りの技術をゼロに戻したところで、戦術面で積み上げてきたスキルは残る。そこに馬乗りの技術が伴えば、もう一方のスキルの精度もより上がるのは間違いなかった。

こうした状況に陥ったとき、そこから目を逸らす人、気づかずに通り過ぎてしまう人、気づいても動けない人、あるいは動かない人。それは人それぞれだと思う。

では、なぜ自分は「ゼロになろう」と思えたのか——。前章の最後にも書いたように、ひとえに天賦の才がなかったから。そして、それを誰よりもわかっていたのが自分だったからだ。このまま停滞していたら、あとは落ちぶれていくだけ。そんな自分の行く末もはっきりと見えていた。

思えば、競馬に興味がないのにジョッキーを目指すことを決めたときも、別の選択をした自分がパッとしない人生を送っている未来がはっきりと見えた。それはある意味で直感に近いものだったが、実際にジョッキーとなり、自分の限界を思い知った末の未来予想図は、より現実味を伴っていた。

そもそも自分には〝執着〟というものがほとんどない。何に対しても、固執するのが嫌なのだ。「なぜ?」と聞かれても答えに困るが、子供の頃からそうだった。そういう性質、性格なのだろう。

たとえば何かを失うことになっても、そのぶん違う何かが得られるかもしれない、まったく新しい何かが拓《ひら》けたりするかもしれないという考えになる。新しいことにチャレンジしたとして、もしそれが自分に合わないと思ったらやめればいい。それこそ、人生の選択は、自分次第で無限にあると思うから。

こういう性格を前向きと言っていいのかどうかはわからないが、執着がないぶん、何につけても切り替えは早い。

たとえば、落馬でケガをしたときも、「どうして、こんなときにケガしてしまったんだ……」と思い悩む時間は圧倒的に少なく、主治医にすぐ「いつからハワイに行っていいですか？」と聞いてしまい、「めちゃくちゃ切り替えが早いですね」と苦笑いされたこともある。

ありがたくない出来事が起きたとして、そこから学ぶことはあっても、立ち止まってウジウジと後悔したりはしない。決断したことに対してもそう。一度決めたら進むしかないし、ダメだったらやめればいい。それだけのことだ。

「ゼロになる」という決断ができたのも、センスのなさを自分で理解していたことに加え、それまでのキャリアに執着がなかったからという理由が大きい。この執着のなさこそ、自分という人間の最大の強みだと思っている。

執着があると、言えないことがあったり、できないことがあったりしてストレスにもなるだろうが、自分にはそれがない。

この決断をした時点で30歳を過ぎていたし、すでに中堅といわれる立場だったが、もう一度学び直すことに対して、恥ずかしさも怖さもなかった。学び直したところでやっぱりダメだとなったら、またそのときに考えればいいと思った。

30代のGIジョッキーが「鐙上げ」から再スタート

馬乗りの技術を学び直すきっかけを与えてくれたのは、藤原英昭《ふじわらひであき》調教師の弟である和男《かずお》さん。もともと北橋厩舎に所属していた調教助手で、自分が全32戦で手綱を取ったエイシンプレストン（クイーンエリザベスⅡ世カップ2連覇や香港マイルを含むGⅠ4勝）などを担当しており、デビューした頃から何かと自分の面倒を見てくれていたお兄ちゃんのような人だった。

北橋厩舎の解散後は、兄がボスを務める藤原英昭厩舎に移ったのだが、それ以降も何かと自分のことを気にかけてくれていた。

確か2007年の終わり頃だったと思うが、瀬戸口厩舎が解散し、日々の調教拠点を失った自分を心配してくれた和男さんが、「ウチの厩舎（藤原英昭厩舎）を手伝わないか？」と声をかけてくれた。

藤原厩舎のスタッフといえば、競馬サークルでは有名な「馬術集団」。和男さんもインターハイで優勝経験があり、国体にも出場したライダーで、そんな和男さんをはじめ、馬術の国体選手が何人もいるような厩舎だった。

そんな厩舎の調教を手伝えることは、馬乗りの技術をイチから学びたい自分にとって、これ以上ない環境。和男さんからのありがたい誘いに二つ返事で飛びついた。

エイシンプレストン　香港マイル　2001年　撮影／森内智也

さっそく藤原調教師の元に出向き、正直にこうお願いした。

「自分には馬術的な技術がまったくないので、イチから教えてください」

藤原調教師は厳しくも懐の大きな人で、そんな自分に「おう！」と一言。快く受け入れてくれた。藤原調教師はもともと星川薫《ほしかわかおる》厩舎で調教助手をしており、和男さんのお兄さんということもあって、その頃から何度も会話を交わす機会があった。

そんな藤原調教師と一緒に、自分が現役時代にダービー（2021年・シャフリヤール）を勝てたことは、最高にうれしかった。

自分が調教師試験に合格してからも、藤原厩舎を調教の拠点とさせてもらっているほか、一緒に牧場やセリに行きがてら、調教師として必要な知識を藤原調教師から学ばせてもらっている。後述するワグネリアンを手がけた友道康夫《ともみちやすお》調教師と並び、自分が尊敬してやまないホースマンの一人だ。


藤原厩舎での修業の日々は、まずは「鐙《あぶみ》上げ」から始まった。鐙上げとは、騎座（馬に騎乗した際の騎手の脚部。鞍に接している座骨、臀部、太もも、膝など人間と馬の接点）を安定させるために一番効果的なトレーニングで、要は鐙（騎乗時に足を乗せる馬具）に足を通さずに馬に乗ることをいう。

競馬学校で学ぶ基礎中の基礎だが、鐙上げからやらされたということは、すでにデビューして10年以上経っていたのに、自分はそれすらしっかりできていなかったということ。まさにゼロからのスタートだった。

ＧⅠをいくつも勝ち、年間１００勝も達成した30過ぎのジョッキーが、調教師から

「鐙を上げろ！」と指示を出され、鐙上げを毎朝やらされている。おそらく、そんな光景は前代未聞であったし、実際「なんで新人がやるようなことを今さらやってるの？」と、嘲笑の対象になっていることもわかっていた。

笑われて傷つくようなプライドは持っていない

それでも自分は藤原調教師の指示のもと、来る日も来る日も鐙を外した状態で馬に乗り続けた。外野の声などどうでもいい。笑いたければ笑えばいい、バカにしたければすればいいと思った。

そもそも、頑張っている人を笑うような人は好きではない。むしろ、嘲笑する人を見て、自分はまだまだ安泰だなと思っていた。なぜなら、必死に頑張っている人を見て笑えるということは、その人が頑張っていない証だから。頑張っている人の気持ちが少しでもわかる人は、嘲笑などするはずがないのだ。

デビュー当時からバカにされていた強みなのかもしれないが、自分にはこういうときに頭をもたげてくるプライドがない。何か目的があって頑張っているときに、それを周りから揶揄《やゆ》されたとしても、言いたい人には言わせておけばいいと受け流すことができる。

笑われたことを気に病んで傷ついてしまうようなプライドなら、それはプライドとは言わないと自分は思う。

プライドとは、仕事にしろ何にしろ、積み重ねた先に生まれるものだと感じている。自分が生きていく中で「これだけは譲れない」という思いがあり、それを貫いてプライドに昇華したものなら守るべきものだと思うが、何も積み重ねていない段階で「そんなことをしたらカッコ悪いから」といった判断をするとして、そこにプライドという言葉を使うことには違和感がある。

たとえば、若手のジョッキーが何らかの理由で乗り替わりになったとする。その後、もう一度その馬の騎乗依頼が来たとき、「以前の乗り替わりでプライドが傷ついたから」という理由で断るケースを見てきたが、若い頃から「それは違うだろう」とずっと思っていた。

30歳を過ぎて鐙上げしている姿を笑われても平気だったのは、そもそもそこで傷つくようなプライドを持っていなかったから。ものすごくシンプルなことだ。

バカにされるのに慣れていたという耐性もあったが、今まさに騎乗技術を身につけようという過程にあり、まだ何も積み上げていなかったからこそ、傷つきたくても傷つきようがなかった。

マイナーチェンジではトップを獲ることは不可能

和男さんの一言で藤原英昭厩舎の門戸を叩き、馬乗りの基礎から学び直した結果、レースの中で自分の変化をつぶさに実感できるまでになった。

それまでも、トレーニングにしろ何にしろ自分に合った方法を模索し、良いと言われるものは積極的に試してきた。それらが無駄だったとはまったく思わないが、藤原厩舎での日々を経て、やはりこうして人の手を借りることの重要性を痛感せざるを得なかった。

自分の力だけでは伸びしろは増やせない。ここからさらなる技術向上を目指すのであれば、コーチのような存在が必要なのでは――そんなことを考え始めた。

もちろん、このまま藤原厩舎で研鑽を積むのも一つの道ではあったが、別の厩舎の管理馬に乗ることもある以上、調教師と騎手、厩舎スタッフと騎手は利害関係にある。

理想はやはり、利害が完全に一致した人と上を目指すこと。つまり、自分専属のコーチがいる環境がベストだと考えた。

そこに思い至ったのは、藤原厩舎で学び、自分の変化を感じられたからこそだ。あのときに「ウチの厩舎を手伝わないか？」と声をかけてくれた和男さんには、今でも心から感謝しているし、人と人との縁というものには、人生を動かす力があることを改めて感じる。

コーチが必要となったところで、さて誰にお願いしようか――。そもそも騎手の世界には、ほかの多くの競技に存在する監督やコーチといった人がいないのだ。おかしなことに、そういった概念すらなかった。

その点に関しては、競馬界が変化する兆しは現時点でも見られないが、自分は「誰もやったことがない」という事実に不安よりも可能性を感じるタイプ。コーチをつけることにしても迷いは一切なかったが、前例がない以上、適任者を見つけるのは非常に難しかった。

最初に頭に浮かんだのは、日本を代表するトップジョッキーだった岡部《おかべ》（幸雄《ゆきお》）さん。すでに引退されていたから、利害が反することにもなり得ない。異論を挟む余地のない名手であり、父親と同期であることにも縁を感じた。

しかし一方で迷いもあった。迷いの源は、岡部さんが元ジョッキーであること。そのときの自分は「劇的な変化」を求めていた。なぜなら、マイナーチェンジをしたくらいでは、トップを獲ることはできないと思ったからだ。

岡部さんに教えてもらえれば、確実にステップアップできるという確証があった一方で、劇的な化学変化を生むにはまったく違う業種の、それこそ目から鱗の発想が必要なのではないか、という漠然とした思いもあった。

せっかく挑戦するなら、目指すのはフルモデルチェンジ——。どうしてもその思いが消えなかった。

〝馬に乗ったことがない〟コーチに求めた劇的な変化

時を同じくして、角居勝彦《すみいかつひこ》調教師（当時）に「面白い人がいるから会ってみないか？」と声をかけられた。そこで出会ったのが、後にコーチを依頼することになる小《お》野雄次《のゆうじ》さんだ。小野さんは、馬のサプリメントを扱う会社のスタッフとして角居厩舎と契約していた人物で、厩舎をたびたび訪れていた。

話を聞いてみると、障害馬術日本代表アドバイザーとして、オリンピックに出場する杉谷泰造《すぎたにたいぞう》選手（6回のオリンピック出場経験を持つ馬術選手）に帯同した経験があるほか、自身もアルペンの大回転やバイクのレーサーをやっていたという。角居先生が「面白い人」として紹介したのも納得の経歴の持ち主だった。

そんな小野さんが専門としていたのが動作解析で、レーサーをやっていただけに、コーナーワークの身体の使い方など、合理的でしっかりとした理論を持っていた。以前からジョッキーの動作には興味を持っていたそうで、角居先生に聞いたところによると、自分以外にも何人かジョッキーを紹介したものの、小野さんの話にみんな聞く耳を持たなかったとか。

ここで断っておくが、小野さんはちょっと癖が強い人だ。自分が話を聞きに行ったときもそうだったのだが、「いやぁ、日本のジョッキーは全然ダメですよ。欧米のジョッキーとは身体の使い方が違って……」と、いきなり熱弁をふるい始めた。

みんながこれに「馬に乗ったこともないくせに……」と反発心を覚えたのだと思うが、自分が一番惹かれたのは、むしろここである。小野さんが「馬に乗ったことがない」という事実だった。

馬に乗ったことのない動作解析のプロと、馬しか乗ってこなかったジョッキーのタッグ。これは自分が求めている劇的な化学変化が起こるかもしれないと感じた。

「一度やると決めたからには……」と自分を追い込んだりせず、自分に合わなかったときや、やっぱり違うなと思ったときはやめればいい。ここでも持ち前の執着のなさが素軽いフットワークとなり、「ジョッキーが専属コーチをつける」という前例のない試みにすんなり突入することができた。

それからというもの、週に一度、金曜日に家のトレーニングルームに来てもらい、参考となる映像を見た後に木馬に乗り、その動作を自分の身体で再現するというトレーニングが始まった。

スキーのジャンプ競技で飛び出す際の体の使い方や、ジャイロ（円や螺旋《らせん》）を描く動きの習得など、メソッドは全10段階。9段階目までいくのに7、8年かかったが、コーチをつけた2010年には関西リーディング、翌2011年には全国リーディングを獲れたのだから、自分にとってコーチをつけたことは大正解だったといえる。

ちなみに、全国リーディングを獲った時点で取り組んでいたメソッドは、確かまだ3段階目あたり。結局、小野さんとのトレーニングは引退するまで続けていたから、最後まで成長し続けられた実感がある。

やりきったと見るか、もったいないと見るかは人それぞれだと思うが、2023年に引退したときがジョッキーとして一番良い状態だったのは間違いない。

騎乗論に「正解」は絶対にある

小野さんにコーチとしてついてもらう以前にも、技術向上に向けてさまざまな取り組みをしてきたが、やはり見よう見まねだったり、漠然としていたり、それは輪郭を持たない努力だったように思う。

そこに小野さんによって理論がつけられ、自分に何が足りなくて、そこを埋めるためには何をしなければならないのかが具体的になったことで、圧倒的に努力しやすくなったし、自分の成長を実感しながら取り組むことができた。

少しずつマイナーチェンジを繰り返していったので、週単位で変化を確認できたわけではないが、年単位で見ると、乗り方がまるっきり変わったことがわかる。それこそフルモデルチェンジだった。

小野さんには、自分が頼んで後輩の森一馬《もりかずま》を見てもらっていたし、GI4勝のクロノジェネシスを送り出した斉藤崇史《さいとうたかし》調教師や、2023年のリーディングトレーナーである杉山晴紀《すぎやまはるき》調教師も、角居調教師が開催する小野さんのセミナーに参加していた。彼らの活躍を見る限り、小野さんは自身の理論を確立していて、それが理にかなっているということだろう。だからこそ、自分はこれだけの成績を残せたのだと思う。

ただ、小野さんに続き、ジョッキーのコーチ業を名乗り出る人はいない。やはりそこには、騎乗論を言語化できないという壁があるからだろう。

そんな中、騎乗論を自分自身で確立しているのが将雅だ。おそらく、自身の頭の中では言語化できているのだろうし、だからこれだけ勝ち続けることができている。それに追随するジョッキーが現れない限り、少なくとも日本人ジョッキーにおいては、将雅の独り勝ち状態が今後も続くのではないだろうか。

言語化できないことにも通じるが、「馬乗りに正解はない」というホースマンが圧倒的に多い中、自分は絶対に「正解はある」と思っている。

結局、最後まで正解にはたどり着けないまま引退したものの、言語化されていないからこそ、正解にたどり着いていない状態でも勝てていたのだと思う。もちろん競馬は生き物だから、これが正解と言いきれるものがそのときどきで変わるだろうが、その状況、その馬に即した正解は絶対にあるはずだ。

ジョッキーにしても同じ。体質や体型、骨格が違う上、馬乗りという大きな括りでの正解は一つではない。だが、個々には必ず正解があるはずで、それを「ない」と言いきってしまうと、やるべきことや方向性に気づけないまま、いつの間にか進歩を止めてしまうような気がする。

追求して追求して正解にたどり着く――。はたして正解という表現が正しいかどうかはわからないが、要するに「悟り」だ。みんながそこにたどり着きたくて精進する。その境地を「ない」と言いきってしまった時点で、探していないということ。

自分がそうだったように、たとえ最後までたどり着けなかったとしても、「そこ」を模索し続けながら、前に進むべきだと思うのだ。

第4章

慢心と攻撃

Arrogance and Aggression

弱気な自分を叱咤してくれた友人の一言

コーチと共に技術向上を目指し始めた2010年は、精神的にも自分を追い込んだ年だった。謙虚であることを美徳とする日本ならではの風潮に、あえて逆らうことにしたのだ。

2010年3月27日、毎日杯の最後の直線で豊さんが落馬。鎖骨や腰椎などを骨折する大ケガを負った。そこからたった4カ月で復帰するという離れ業を見せたのだが、そこはたかが4カ月、されど4カ月。リーディングの順位に影響するには十分な時間だった。

ちなみに、1988年から前年の2009年まで、豊さんが長期でフランス遠征を敢行した2001年を除き、関西リーディングは豊さんの不動の指定席。2010年も落馬があるまでは当然のようにトップに君臨し、終わる気配のない全盛期に周囲があきらめムードだった時期だ。

同年の8月15日、自分はメリッサで北九州記念を勝利。確かその直後だったと記憶しているが、友人の市川海老蔵《いちかわえびぞう》（現・團十郎《だんじゅうろう》）と伊藤英明《いとうひであき》に都内で会う機会があった。北九州記念の祝いの言葉もそこそこに、二人が自分に向けてきたのは「お前、なにやってるんだよ！」という叱咤《しった》。

豊さんが長らく戦線離脱していたにもかかわらず、関西リーディングのトップに福永祐一の名前がないことに、友人としてもどかしさを感じていたようだった。ちなみに、その時点で関西リーディングのトップに立っていたのは岩田くん。自分は確か、僅差の2位だったと思う。

その日は、「武豊がいないときに、お前が一番じゃなくてどうするんだよ！」と何度も何度も発破をかけられた。そこで気づいたのは、豊さん不在の中、自分が2位であることに何の疑いも持っていなかったこと。第2章でも書いたように、いつの間にか牙を抜かれていることに気づき、ハッとしたのだ。

ここまで何度も触れてきたが、自分は父親の名前と北橋先生、瀬戸口先生のバックアップにより、人よりもだいぶ前に設定されたスタート地点からジョッキー人生を歩み始めた。

そんな自分を俯瞰で見ていたから、「天狗になってはいけない」「父親と二人の先生の顔に泥を塗ってはいけない」という思いが強く、誰に対しても謙虚であることを自分に課してきたようなところがあった。

でも考えてみれば、本来〝謙虚な姿勢〟とは周りが求めるもの。当時の自分も、周りのそんな空気に気圧されて、いつしか謙虚な気持ちが弱気に変わり、弱気が自信を失わせていたように思う。

その結果、「リーディングなんて……」と、気づけばハナからあきらめているような状態に。そうはっきりと口にしたことはなかったはずだが、海老蔵と英明は、そんな自分を見抜いていたのだろう。

彼らはその日、こうも言った。

「自分ならやれる、一番になれると思い込め。自分がどうなりたいのかをちゃんと思い描いて、そうなれると思い込むことで人間は変われるんだ」

彼らはいつだって自信にあふれ、強気な姿勢を崩さずに突き進んでいくタイプで、自分とは正反対だと感じていた。しかし、そんな彼らも時には弱気を押し込め、そうやって自分を鼓舞しながら歩んできたのかもしれない。

自分を変えるためにビッグマウスを貫いた

あの日を境に自分は変わった。というか、あえてビッグマウスを演じることにしたのだ。北橋先生には散々、「祐一は性格が丸過ぎる」と言われたが、その指摘どおり、元来の自分は良くも悪くも棘《とげ》のないタイプ。そんな自分を変えるには、心を決めて〝演じる〟必要があった。

取材でも「今年はリーディングを獲る」とはっきりと口に出し、自分自身にプレッシャーをかけることにした。取材に来た記者さんに「どうしたんですか？　福永さん、なんかいつもと雰囲気が違いますね」と言われたりしたが、おそらく発言だけではなく、表情も口調もそれまでとは違ったのだと思う。

そうした強気な発言を目にしたり、耳にしたりした関係者やファンの中には、「福永ごときがデカい口を叩いて」と思った人もたくさんいただろう。あの時期をきっかけに、〝アンチ福永〟になった競馬ファンも少なくないと思う。

でも、それも織り込み済みの方向転換であり、多少の向かい風を感じたところで、あのときの自分に迷いはなかった。


そんな時期を過ごしたからか、度が過ぎた謙虚な言葉や姿勢に、むずがゆさを感じることがある。

たとえば、調教師やジョッキーがよく口にする、「勝たせていただいた」という表現。その馬の斤量だけを特別に軽くしてもらったり、その馬だけ10m前からスタートさせてもらったりしたのであれば「勝たせていただいた」となるが、現実的にはあり得ないわけで、どんなレースも決して誰かに勝たせてもらったわけではない。

自分たちの力でつかみ取った勝利なのだから、そこで変にへりくだる必要はないだろう、といつも思っている。

もちろん、育ててもらう必要がある若い時期は、謙虚な姿勢が何よりも大事だし、常に感謝の気持ちを忘れてはいけないことは言うまでもない。何しろデビューして数年間はどんなジョッキーも技術が足りなくて当然なのだから、それこそ「乗せていただかなければ」技術は磨けない。

そういう意味では、「応援してあげたい」と思ってもらえる謙虚な人間であることは大事なことだと思う。ただ、所属厩舎から離れて独り立ちすれば状況は変わる。フリーになってから依頼されたレースに関しては、必要以上にへりくだる必要はないし、感謝もそこそこでいいと自分は思う。

依頼された仕事に自分がきちんと応えることができれば、次も継続騎乗になるし、応えられなければ替えられて終わりだ。

円形脱毛症に――気づけなかった身体からのＳＯＳ

２０１０年は、春から小野さんのコーチングを受け、夏を機に気持ちも大きく変わり、秋も半ばを迎えるころには、心身共にだいぶいい流れになっていた。そして、順調に勝ち星を重ねた結果、その年に初めて関西リーディングを獲ることができた（全国リーディングは横山典弘騎手）。

心技共に転換を計ったことで、まさかこんなに早く結果が出るとは思わなかったが、小野さんのメソッドが自分に合っていること、方向性として間違っていないことを確信でき、このまま続けてさらなる高みを目指そうと心に決めた。

一方で、２０１０年は豊さんの長期にわたる戦線離脱に加え、岩田くんも９月から11月にかけて休養しており、実力でもぎ取ったという実感は乏しかった。

やはり、全員揃った状態でトップに立ちたい――。

そんな思いで迎えた2011年。前半は騎乗停止もあり、ややスロースタートとなったが、秋競馬に入った頃にはトップの岩田くんに追いついた。その後は、年末まで抜きつ抜かれつの大接戦。気を抜けない日々が続いたが、いつの間にか岩田くんへの嫉妬心は消え去り、ジョッキーとして充実感を味わっていた……はずだった。

そんな激戦のさなかのある日、行きつけの美容院へ散髪に行ったら、いつも担当してくれている美容師さんの手が止まり、「あれ？　祐一さん、ここポッカリ空いてますよ」と言われた。「は？」と思って指摘された部分を触ってみたら……髪の毛がなかった。円形脱毛症である。

「今、一番勝っているし、充実していてストレスもない。え〜、なんで？」と言いながら、ちょっとしたパニックに。500円玉くらいの立派なモノができていたが、ちょうど髪の毛で隠れる場所だったから、自分では気づけなかったのだ。

最後までもつれたリーディング争いは、岩田くんが131勝で2位、自分が133勝で、2年連続の関西リーディングに加え、初めて全国リーディングを獲得。

もちろん達成感はあった。だが、それ以上に身体からのメッセージを無視するわけにはいかなかった。

リーディングを獲るには数多くの厩舎の馬に乗ることが必須で、場合によっては、乗りたくないなと思う馬にも乗らなければならない。そういったことから目を背けるために、自分で自分の闘争心を掻き立て、攻撃性を高め、ビッグマウスを演じながら自己暗示をかけた。それにより一時は獲れるはずがないと思っていた全国リーディングが獲れたのだから、結果的には大成功だ。

だが、やはり自分本来の性格的に、そういったやり方は合わなかったのだろう。思い返せば、酒癖の悪さや運転の荒さを指摘されるなど、その弊害がいろいろと出ていたのもこの頃だ。

自分を俯瞰して捉える冷静さを持っていたつもりだったが、攻撃的な自分を演じるうちに、いつの間にか本来の自分を見失っていたのではないかと思う。円形脱毛症というわかりやすいSOSが出るまで、そのことに気づけなかった。

かねてからの目標を達成できたことで、人格を変えてまでトップを獲りにいくのはここで終わり。これからはきちんと厩舎とコミュニケーションを取りながら、ありのままの自分で気持ちよく仕事をしていくことを決めた。

一方で、まだ道半ばながら、技術面の向上には確かな手応えを感じていたこともあり、翌2012年、さらなる技術向上と腕試しを兼ねてアメリカへ。

後に述べるが、関西リーディング、全国リーディングとあまりにもトントン拍子に目標が達成できたことで、よりプレッシャーが高まったのか、2012年もなかなか〝オラオラモード〟が抜けず、この遠征がまた別の攻撃性を生むことになる。

アメリカのホースマンからの洗礼

もともと海外志向が高かったわけではないが、「せっかく行くのであれば、リーディングという結果を残してから」という考えは以前からあり、2012年の夏は、ある程度の長期でどこかに行きたいとは思っていた。

そんなとき、角居勝彦調教師から紹介されたのがアメリカ西海岸で馬のエージェントをしているという女性で、「優秀なエージェントがついてくれるのであれば」ということを条件に、話を進めてもらうことに。

その後、アメリカのトップジョッキーとして当時活躍していたコーリー・ナカタニのエージェントの枠が一人空いていることがわかり、彼がエージェントを引き受けてくれることになった。

トップジョッキーのエージェントということで、どれだけ乗せてもらえるのかを楽しみにしていたのだが、さすがは激戦区といわれる西海岸。水曜日から日曜日まで毎日開催がある中、1日2レース乗れればいいほうだった。

しばらく過ごしているうちに、日本でもお馴染みの名騎手オリビエ・ペリエの師匠であるパトリック・ビアンコーヌに「調教に乗るか？」と声をかけられた。さまざまな事情があり、フランス、香港、アメリカと渡り歩いていた人物だが、非常に優秀な調教師で、彼に認めてもらえたことはとても大きな出来事だった。

そのうち、調教だけでなくレースも全部自分を乗せてくれるまでになったあたりで、札幌記念に乗るために一時帰国。文字どおり、とんぼ返りでアメリカに戻ったのだが、それ以来、調教もレースもまったく乗せてもらえなくなった。

そういえば、まだアメリカに来たばかりの頃にエージェントが、「日本とアメリカを行ったり来たりしていると、遊びで来ていると思われて本気度を疑われる。だから、一時的にせよ、日本に帰らないほうがいい」と忠告してくれたことがあった。

エージェントいわく、それが「アメリカのホースマンの気質」であり、アメリカのジョッキーが日本の短期免許を取得しない理由でもあると。なるほど、こういうことか……。思わず手を打ちたくなるほど、本当にパッタリと仕事がなくなった。

結局、二度のGⅠ騎乗を含め、61戦1勝という成績で無念の帰国。完全に尻すぼみだっただけに激しく落ち込んだ。

唯一の救いは、最後にエージェントが「東海岸なら競馬場も多くて、芝のレースも多いから需要がある。祐一なら3年でトップジョッキーにしてみせる。アメリカに腰を据えて頑張ってみないか？」と熱心に誘ってくれたこと。

喉まで出かかった「いえ、やめておきます」という言葉をグッと飲み込み、「考えてみます」と曖昧に返し、自分のアメリカ遠征は終わった。

自信と共に増大していった傲慢な騎乗

そんな苦い思い出となったアメリカ遠征だが、技術的には大きな収穫があった。この点でいえば、パッタリと仕事がなくなったことが功を奏したというべきか。

あまりにも暇だった自分は競馬場に置いてある木馬にばかり乗っていたのだが、そこにコーリー・ナカタニとビクター・エスピノーザというトップジョッキー二人がやってきて、実演を交えていろいろと教えてくれたのだ。

自分にとってはご褒美のような時間であり、トップジョッキー二人のレクチャーによって日本ともヨーロッパともまったく違う乗り方に触れ、30代半ばにして大いに刺激を受けた。

2011年に全国リーディングを獲得し、アメリカで新しいスキルを身につけ、コーチと共に取り組んでいたメソッドも着々と進んでいたこの頃、馬を動かせるようになった実感からか、いつしか乗り方が傲慢になっていた。

もちろん、意識的にやっていたわけではないが、馬と馬の間のギリギリのところを攻めたりして、確かに制裁を受けることが多かった。思い返すと、リーディング争いの渦中にいた頃とはまた別の意味で、自分を見失っていた。

なぜそう感じるかというと、どんなに制裁を受けても、「自分は悪くない」と思っていたから。今思えば恥ずかしい限りだが、悪いことをしている意識がなければ、直るものも直らない。

なにしろ、アメリカ遠征の翌年の2013年には再度、全国リーディングを獲り、しかも初代MVJ（JRAと地方・海外の指定レースを合わせた成績を勝率、勝利度数、獲得賞金、年間騎乗回数の項目ごとに順位をつけ、その総合得点により騎手に贈られる賞）のおまけつき。今ならわかるが、技術に対する自信が年々増していくのに比例するかのように、〝もっと勝ちたい〟という欲も増大していった結果だ。

二度目の全国リーディングとなった2013年の中身を見ると、延べ1カ月間の騎乗停止期間があり、とても褒められたものではなかった。そこで自分を省みればよかったのだが、そのときの自分は、あろうことか「だったらもっと勝てるはず」と思ってしまった。完全に的外れな慢心である。

そんな気持ちのまま突入した2014年は、1月と2月とさっそく続けて騎乗停止に。さすがに深く反省したつもりだったが、6月にまた騎乗停止になった。数えてみたら、1年半で6回……。なぜそうなってしまうのか、その時点では理由を見つけられずにいた。

昔から、何でも俯瞰的にものを見る傾向があるから、良くも悪くも熱くならないし、物事に動じることもほとんどない。ただ、とにかくあの頃は「もっと勝てるはず」という慢心から、周りを見るという意識が著しく低下していた。今思えば、明らかな注意不足だ。

将雅からの忠告──周りに見抜かれていた慢心

そんな傲慢な自分に気づかせてくれたのは、先輩でも同期でもない、将雅の忠告がきっかけだった。はっきりとした時期は覚えていないが、場所は調整ルーム（各競馬場やトレーニングセンターに設けられた、騎手の宿泊施設）だったと思う。

「祐一さん、最近危ない騎乗をしていること、自分で気づいていますか？」

将雅の忠告は、確かこんな言葉で始まった。自らの状況を直視できていなかった自分は、「俺、そんなつもりで乗ってないし、そこまでして勝ちたいと思ってないよ」というような返事をした。

「でも、制裁が多いじゃないですか。邪魔してるじゃないですか」と将雅。自分はもう黙るしかなかった。

おそらく将雅は、「最近の祐一、おかしいぞ」という周りの声をたびたび聞いて、

「俺が祐一さんに言わなければ」という使命感で忠告してくれたのだと思う。

将雅と話して気づいたのは、「俺は悪くない」という気持ちがどこかにあることで、一つひとつの制裁ときちんと向き合ってこなかったこと。向き合っていたつもりだったのは自分だけで、周りにはそんな慢心を見抜かれていた。

ちなみに将雅は、自身の正義を貫く人間だ。何年か前にも、何人かの先輩に「ゴール板を過ぎたら、馬場の外を走ってください」と注意しているのを見たことがある。

言い方がきつかったりして誤解されることもあるが、「荒れがちな内側の馬場を守るため、ゴール板を過ぎたら馬を外に誘導する」というのは、ジョッキーとして当たり前の行動。たとえ相手が先輩であっても、そこはきっちり指摘するのが将雅だ。自分にはなかなかできないが、将雅にはその熱さを貫いてほしいと思っている。

調整ルームで将雅から忠告を受けて以来、まずは自覚することから始めて、進路変更をするときも、人の邪魔をしないことに強く意識を向けるようになった。それが習慣になり、やがて定着していく。情けない話だが、そうした意識を繰り返し持つことで、確実に制裁は減っていった。

第5章

ダービー

Japanese Derby

偶然がもたらしたキングへイローとの出会い

27年間の現役生活中に行われた日本ダービーは28回。引退して改めて気づいたのは、28回中23回もその舞台に立てたという光栄な事実だった。

毎年、ダービーの舞台に駒を進められるのは、選ばれし18頭と18人。そこに名を連ねることすら難しいのに、23回も依頼をもらえたこと、そしてあのダービー特有の東京競馬場の雰囲気をターフから23回も味わえたこと。それ一つを取っても、本当に幸せなジョッキー生活だったと思う。

初めて先頭でゴール板を駆け抜けたのは、19回目のダービーで、ワグネリアンに騎乗した2018年のことだった。詳しくは後述するが、あの勝利には〝初めて味わう感情〟〝初めて経験した時間〟、そしてそれまでのジョッキー人生における一番の喜びと感動が詰まっていた。

一番の緊張、一番の絶望、そして一番の感動――。思い起こせば、自分にいくつもの〝一番〟を経験させてくれた舞台、それがダービーだった。

始まりはデビュー3年目の1998年。前年9月のある日、坂口正大《さかぐちまさひろ》厩舎におじゃましていると、坂口先生のもとに一本の電話があった。その後、「(武)豊が乗れなくなったらしい」というような先生の声が聞こえてきた。そして、たまたま居合わせた自分は、先生からこう言われた。

「君、乗るか?」

そのとき、豊さんが乗れなくなった馬こそキングヘイロー。そんな偶然がすべての始まりだった。

キングヘイローの調教に騎乗　撮影／髙橋由二

10月の京都でデビューすると、新馬戦、黄菊賞、東京スポーツ杯3歳Sと3連勝。それまでにも良い馬の背中は味わっていたが、キングヘイローの背中は、それらどの馬とも違った。「やっぱり豊さんに依頼がいくような馬は違う」と思ったものだ。

その後、ラジオたんぱ杯3歳Sで2着、弥生賞3着から、クラシック第一弾である皐月賞へ。当時の自分はデビュー3年目にして、すでに上位人気馬で何度かGⅠに出走していたが、不思議なことにまったく緊張することはなかった。

それもあって、自分は緊張しないタイプの人間なのだと思っており、実際、3番人気に支持された皐月賞も平常心で挑めた。レース後に思ったのは、「これならダービーも緊張せずにいけそうだな」ということ。ダービーまでの1カ月半がどんな時間かも知らずに……。

皐月賞は、勝ったセイウンスカイから半馬身差の2着。皐月賞で1番人気3着だったスペシャルウィークを加えて、ファンやマスコミは「3強対決」だと盛り上がった。当然、自分にも取材が殺到。ほぼすべてのメディアの取材を受けていたような記憶がある。

なかでもダービーまでの1週間は、毎日のように取材に追われた。さすがにそんな経験は初めてで、取材に応えれば応えるほど〝ダービー〟というレースの重さがのしかかってくるようで、自分のなかでどんどんと緊張が高まっていった。うまく表現できないが、緊張が高まれば高まるほど、自分の中から〝何か〟が抜けていくような感覚だった。

前々日の金曜日に関西から都内へ移動し、東京競馬場まではタクシーに乗ったのだが、流れゆく外の景色を見ながらあまりにもいろいろなことを考えすぎて、逆にフワフワしていたのを覚えている。

我に返った4コーナー「このまま落馬してしまおうか……」

レース当日は、体調が悪いわけではないのに熱っぽかった。いわゆる知恵熱というやつだと思う。とにかく朝からずっと緊張に飲まれていて、最終的にはボーッとした感じに。今思うと、緊張して固くなっているほうがまだマシだったが、そんな状態はとうに通り越し、集中力のゲージが限りなくゼロになっているような状態だった。

今ならわかるが、あの状況を生んだのは、東京2400mの勝ち方を知らないという不安、ダービーに向けた心構えもよくわからないという不安など、経験のなさによる準備不足が不安を生み、それが緊張となり、最後は巨大なプレッシャーとなって襲いかかってきたのだと思う。

そうなれば、正常な判断なんてできるわけがない。返し馬では、自ら申し出てみんなとは逆の方向に行ったのだが、そこに一体どんな意図があったのか、自分でも思い出せないくらいだ。

そして、いよいよゲートイン。

キングヘイローは、スペシャルウィークに次ぐ2番人気に支持されていた。1枠2番からポンとスタートを切り、皐月賞と同様、セイウンスカイがハナに行くのだろうと思いながら外を確認すると、どうやら今回は行かない様子。そして、気づいたときには自分が先頭にいた。

ウワーッと沸いているスタンド前を先頭で走りながら、まるで他人事のように「盛り上がってるなぁ」なんて思っていたのだから、完全にどうかしていた。そのまま体に力が入っていないような状態でフワーッと進んで行き、迎えた最後の4コーナー。直線に向いたところで、後続に一気に飲み込まれた。

我に返ったのは、そのときだった。

「大変なことをしてしまった……」

直線はズルズルと下がっていきながら、「このまま帰るわけにはいかない。坂口先生に合わせる顔がない。いっそのこと落馬してしまおうか」なんて、あってはならないことを本気で考えていた。

結局、勝ったスペシャルウィークから遅れること2・6秒、14着でゴール。惨敗だった。

検量室前に引き上げていくと、そこに坂口先生の姿はなかった。その事実が何より先生の心境を物語っているように感じて、厩務員《きゅうむいん》さんに「すみません……」と謝るのが精一杯。その後、何度かそのときの映像を見たが、顔面蒼白とはこういうことを言うのだと思うくらい、自分の顔は真っ白だった。

呆然自失となった自分は、マスコミの前に出ていく勇気もなく、ジョッキールームに引きこもった。すると四位さんがやってきて、「祐一、記者の人たちが待ってるから。ちゃんと喋ってこい」と優しく声をかけてくれた。

「わかりました」と答え、おぼつかない足取りで記者たちの前へ。消え入りそうな声でインタビューに答えた気がするが、何を話したのかは覚えていない。

今はもちろん、当時も、デビュー3年目の若手がダービーで2番人気の馬に乗るなんて異例中の異例だった。それでも、マスコミの取材に対し、オーナーの浅川吉男《あさかわよしお》さんと坂口先生は「福永洋一が勝てなかったダービーに、息子で挑む夢があってもいいじゃないですか」と答え、その手綱を自分に託してくれた。

その思いに応えるどころか、完全に緊張に飲まれ、暴走という最悪の結果に——。

あのダービーを思い出すと、今でもいたたまれない気持ちになる。なぜなら、浅川オーナーにとって、所有馬をダービーに送り出したのはキングヘイローが最初で最後。そして坂口先生にとっても、結果的にあれが最後のダービーになってしまったのだから――。

結局、恩返しができないまま、浅川オーナーは亡くなり、坂口先生も2011年に引退。浅川オーナーの生産馬と所有馬は息子である昌彦《まさひこ》さんが継がれたものの、今度は自分が引退してしまった。御恩を返せなかったという心の痛みは、生涯消えることはないだろう。

キングヘイローのダービーから4年後の2002年、坂口厩舎のピースオブワールドで阪神ジュベナイルフィリーズを勝つことができた。自分にとっては初めてGⅠで1番人気に支持されたレースであり、しかも単勝オッズは1・5倍。あのときも午前中から緊張感はあったが、キングヘイローでの経験があったことで、決して緊張に飲まれてしまうことはなかった。

それ以降も、パフォーマンスに影響するほどに緊張したことはなく、適度な緊張感とうまくつき合ってこられたのも、ひとえにキングヘイローでのダービーの経験があったから。

後悔の念は尽きないが、それと同時に、駆け出しの頃にいかに得がたい経験をさせてもらったか、今となってはそのありがたさが骨身に沁みる。

勝てない自分への言い訳――「ダービーなんて価値がない」

その後もダービーの舞台には毎年のように立たせてもらい、エイシンチャンプ（2003年・5番人気10着）、マルカシェンク（2006年・5番人気4着）、セイウンワンダー（2009年・3番人気13着）など上位人気馬で出走する年もあったし、2007年にはアサクサキングスで2着（14番人気）、2012年のワールドエースでは1番人気も経験した（4着）。

こうしてダービーでの経験値は着々と増えていったし、父親が勝てなかったレースということで、ダービーの時期になると毎年のように「福永家の悲願」といったフレーズが使われた。

だが、当時の自分は、インタビューなどで勝ちたいレースのような話題になると、「有馬記念を勝ちたい」とか「ジャパンカップを勝ちたい」と言ってみたりなど、ダービーに対する思いを口にすることはなくなっていた。

今だから明かせる話だが、それどころか、雑談をいいことに「世界的に見れば、もはや日本ダービーなんて価値がない。だから、別にダービーなんて勝たなくてもさ」なんて言う始末。

今ならわかるが、これは勝てない自分への言い訳であり、完全なる自己防衛。海外のGⅠを勝っていることを引き合いに、自分を納得させていたに過ぎず、ダービーに対して歪んだ形で守りに入っていたのだろう。

実際、自分はもともと、傷つきたくない、傷つけられたくないという性分。だから、強がりを言って自分を守る。このダービーに対する発言は、我ながら最たる例のような気がする。

当時はもちろん意識していなかったが、見方を変えれば、心の奥底ではそれだけダービーにこだわりを持っていたということ。だからこそ、あえてダービーと向き合うことを避けていたのかもしれない。

ジョッキー人生でたった一度の眠れなかった夜

ジョッキー人生で経験した「一番の緊張」がキングヘイローなら、「一番の絶望」を味わったのが2013年、エピファネイアでのダービーだ。

現役時代に自分が主戦を務めたシーザリオの3番仔（父シンボリクリスエス）で、初戦から手綱を託された。デビュー前の調教に騎乗した際には「ダート馬かな？」と思うほど重々しい走りをしていたが、いざデビューしてみたら、その印象は一変。ものすごい瞬発力で突き抜け、2着馬に3馬身差をつける圧勝を飾った。

その後も京都2歳S、ラジオNIKKEI杯と連勝。自分も相当な手応えを持ってクラシックシーズンを迎えたのだが、2戦目以降は、その底知れぬパワーゆえ、常に折り合いが最大の課題だった。

　ちなみに、新馬戦からかかるほどの行きっぷりを見せる馬は稀有だ。だからこそ新馬戦の多くがスローペースになるわけで、馬としても初めて来る場所であり、しかも初めてたくさんの観客の前で走るわけだから、走りに集中できなくて当たり前。だが、多くの馬は一度レースを経験したことでスイッチが入る。エピファネイアも、完全にそのタイプだった。

　クラシック第一弾である皐月賞でも、道中でガツンとハミを噛んで行きたがるシーンがあり、最後の最後にロゴタイプに半馬身ほど交わされて2着。あのシーンさえなければ……。そう思わせる一戦だった。

　負けはしたものの、間違いなくダービーを勝てるポテンシャルはある――。それまでにも期待が持てる馬はいたが、あそこまで確信できたのは初めてだったと思う。そして、ここでダービーを勝つことで、〝何か〟が変わる気もしていた。

　今年は勝ちたい、勝たなければいけない――。自分を追い込んで臨んだ一戦だった。

　レースは5枠9番から道中は中団の内。ミドルペースの中、もう引っかかって引っかかってどうしようもなかった。前の馬との距離が取れず、ずっといつ躓《つまず》いてもおかしくない距離。案の定、3コーナーで前の馬の後ろ脚に振れ、思いきり躓いた。普通の馬は、そこで躊躇《ちゅうちょ》するものだが、なんとエピファネイアはもう一度行こうとしたのだ。

「なんだこの馬」と驚きつつも、走りのバランスを崩してでも抑え込むことはせず、馬のリズムを優先……といえば聞こえはいいが、結局はずっとデッドラインを走っていたわけだから、自分自身の気持ちもコントロールできていなかったのだと思う。

結果は、ゴール寸前で外からキズナに交わされ、半馬身差の2着。あれだけ引っかかったにもかかわらず、である。そこで嫌でも直面したのが、自分さえうまく乗れていれば勝っていた可能性が限りなく高かったこと、そして、見ている人も当然そう思ったであろうこと。

あまり覚えていないのだが、引き上げてきた後、真っ青な顔をしてへたり込んでいた自分の姿を覚えている人がいた。心身共に疲労困憊《こんぱい》だった。

その日の夜は、市川海老蔵（現・團十郎）と長電話。自分の気持ちをわかってくれて、一緒に泣いてくれたのを覚えている。

悔しいという感情はなかった。ただただ無力感に襲われ、不甲斐なさに苛《さいな》まれた。間違いなく、経験したことのない絶望だった。

27年間のジョッキー人生で眠れなかったのは、あの夜だけだ。

2013年といえば、2010年に初めての関西リーディング、2011年には全国リーディングを獲り、コーチと取り組んだフルモデルチェンジの成果を最も感じていた頃だ。そんな中で味わった絶望は、自分に進退を考えさせるまでに膨らんでいった。

「エピファネイアクラスの馬を乗りこなせないのであれば、ジョッキーを続ける意味がないのでは」

そんな思いで頭がいっぱいになった。

「ここで結果を出せなかったら、本気で進退を考えよう」

そんな覚悟を持って挑んだのが、ダービーから4カ月後の神戸新聞杯。夏の間は、この馬を乗りこなしたい一心で、それまでやってこなかった筋肉量を増やすトレーニングを取り入れ、秋に備えた。

結果は、2馬身半差の快勝。道中、馬としっかりコミュニケーションを取れたことが勝因で、エピファネイアをようやく乗りこなせたという実感があった。続く菊花賞は、さらに着差を広げて5馬身差。我ながら完璧な競馬で、クラシック最後の一冠を手にすることができた。

ダービーは、その馬にとって一生に一度の舞台。だから、あの負けはどうしたって取り戻すことはできないが、エピファネイアと出会ったことで、自分がジョッキーとして大きな山を一つ越えたのは確かだ。進退を考えるまでに至ったあの絶望が、逆に乗り越える力を与えてくれた。

その後も約10年間の現役生活があったわけだが、結局、エピファネイア以上に難しい馬は現れなかった。

考えてみれば、2000mの皐月賞、2400mのダービーであれだけ引っかかった馬が、3000mの菊花賞を楽に勝ったのだ。もし、皐月賞の時点で乗りこなせていれば……。クラシック三冠を獲れた可能性も十分にあったと思う。

2000勝を達成した翌日にワグネリアンがデビュー

エピファネイアでグッと勝利が近づいたかのように感じたダービーだが、その後も騎乗機会が毎年あったにもかかわらず、なかなか勝ち負けまでは持っていけずにいた。それでも、「ダービーなんて価値がない」とうそぶいていた頃とは違い、「一生ダービーを勝てないかも」と思う日もあれば、「勝たなければいけない」と思う日もあったり。日々揺れ動く感情の中で、何事にも執着することがない自分にしては珍しく、ダービーへの〝執着〟のようなものを自覚していた。

だが2017年、ある一つの出来事をきっかけに、心境に大きな変化があった。41歳になる年で、ジョッキー人生でいえば、とうの昔に折り返し地点を過ぎていた。残りのジョッキー人生は限られている——そう思ったとき、「ジョッキーにしか味わえないプレッシャーや緊張感を、もっと楽しまなければ損だ」と本気で思ったのだ。ダービーやジャパンカップ、有馬記念といったビッグレースにも、あと何回乗れるかわからない。だったら、あの独特な緊張感をとことん楽しもうと。

そう思うに至った出来事とは、中央競馬史上8人目となる通算2000勝を達成したこと。1000勝はトップジョッキーの証として若い頃から目指していた数字だが、2000勝に関しては、正直、達成できるとは思っていなかった。だから、達成感というよりも「ここまで来たか」という充足感が大きく、そこからのジョッキー人生を見つめ直すには十分な出来事だった。

今思うと、どこか運命的なものを感じるが、2000勝を達成した翌日、7月16日の中京芝2000mでデビューしたのがワグネリアンだ。

その新馬戦では、超のつくスローペースだったとはいえ、中京競馬史上最速（当時）となる上がり3ハロン32秒6をマーク。素質がなければできない芸当で、初戦から申し分のない走りを見せてくれた。

その後、野路菊S、東京スポーツ杯2歳Sを楽勝し、一気にクラシックの最有力候補へ。エンジンのかかりが遅いタイプではあったが、ひとたび点火すれば鋭い脚を使う。しかも、自分が相次いで後ろ盾を失い、重賞で有力馬に騎乗する機会がめっきり減った頃にサクラメガワンダーやムードインディゴなどでチャンスをくれた友道康夫厩舎の管理馬とあって、春が待ち遠しくてたまらなかった。

春初戦の弥生賞は、2歳チャンピオンであるダノンプレミアムの2着。内容としては収穫のあるレースだったが、どうにもテンションが高く、陣営と相談した結果、中間はあまり強い負荷をかけずに皐月賞へ向かうことになった。

その皐月賞は、前走で後塵を拝したダノンプレミアムが出走回避。あろうことか、それによって自分の中に、「ダノンプレミアムがいないとなれば、多少強引な競馬をしても勝てるだろう」という過信が生まれてしまった。

実際、後方待機から外を回って早めに動かしていき、4コーナーも外。直線では伸び切れずに7着に終わった。見た目は強引でも、明らかに守りに入った競馬。自身の過信を恥じた。

あまり負荷をかけない仕上げで7着に負けたこともあり、ダービーに向けた調整は、精神面の安定を保ちつつ、攻める調教にシフトチェンジ。自分は一度も乗らなかったが、一見矛盾するような難しい調整を友道厩舎は見事にやりきった。

8枠17番——選択肢は一つしかなかった

ダービーの枠順が出る前、調教助手の大江祐輔《おおえゆうすけ》くんに、こう声をかけられた。

「今回はバシッと仕上げたので、祐一さん頼みますよ。今度は攻めてくださいね」

自分が皐月賞で守りに入ってしまったことを彼もわかっていた。まだ枠順は出ていなかったが、どこに入ろうと攻める競馬をする。身が引き締まる思いがした。

木曜日の夕方、外出先で枠順をチェックすると、まさかの8枠17番。正直「終わったな」と思った。その後、過去20年のダービーにおいて2着すら一度もない〝死に枠〟だと知り、ダービーとの縁のなさを呪いたくなった。

でも、こうなれば勝つための選択肢は一つ。メンバー的にスローペースになる可能性が高かったので、外から前目のポジションを取りに行き、そこで折り合いをつけるしかない。前に壁を作れないことでかかってしまう可能性もあったが、このときばかりはそれを恐れて守りに入るわけにはいかなかった。

ちなみに、皐月賞を1番人気で負けた影響で、ダービーは5番人気止まり。ダービー週の水曜日も誰も取材に来ないありさまで、友道厩舎のスタッフと「ダービーで上位人気馬に乗るジョッキーの水曜日じゃないよなぁ」なんて話しながら、思わず笑ってしまった。そんな状況が悔しいわけでも寂しいわけでもなく、ただただ気楽だった。

後方から競馬を進めた皐月賞とは一変、ダービーではスタートから積極的にポジションを取りに行き、最初のコーナーは外目の5、6番手で回った。危惧したとおり、前に壁がないことで行きたがったが、向正面に入るあたりで馬の後ろに入れることができ、その瞬間、ワグネリアンの力みがスッと抜けたのがわかった。

「これなら、直線でもうひと脚を使える」

そんな手応えを感じながら迎えた4コーナー。内にいたブラストワンピース（池添《いけぞえ》謙一《けんいち》）の手応えがよく、少しでもスペースを与えたら絶対に押し出してくるシーンだ。それがわかっていたから、寸分の隙も与えないようコーナーをピッタリと回り、謙一を内に閉じ込めた。そう、そのときの自分はとても冷静だった。

あとは、ゴールを目指してひたすら追うだけ。エポカドーロ（2着・戸崎圭太《とさきけいた》）とコズミックフォース（3着・石橋脩《いしばししゅう》）が思った以上にしぶとかったが、残り200mあたりで抜け出すと、そこからはいわゆる「ゾーン」に入ったような不思議な感覚に……。スタンドの歓声も何も聞こえなくなり、見えているのはワグネリアンだけ。まさに「無」の状態のまま、先頭でゴールを駆け抜けた。

本章の冒頭でも書いたが、これが〝初めて経験した時間〟。ウイニングランを終えてスタンド前に戻ってきたとき、言葉にならない感情が胸の奥から突然込み上げてきたのも、あのダービーが初めてだった。

ダービーを勝利し初めて完成した「福永家のパズル」

何より大きかったのは、戦術面での選択肢が一つしかない中、最後まで自分を信じきることができたこと。あのダービーを勝ったことで、「それまではどこかで自分を信じきれていなかったのかもしれない」という大事なことに気づけた。

2000勝を達成したことで野心に一区切りがつき、「本気で楽しもう」というモードに入っていたことも大きいが、自分を信じきることができた一番の要因は、やはり周りの人たちが自分を信じてくれたからにほかならない。

ダービー当日も、ゲート裏で「祐一さん、信じてますから」と言ってくれた持ち乗り助手の藤本純《ふじもとじゅん》くん。彼の声が今も耳の奥に残っている。

自分を信じるということにもつながるが、このダービーをきっかけに、大きく変わったことがあった。GⅠレースに向かう際、それまでは常に三つか四つの選択肢を持って臨んでいたが、「勝つためのポジション」を一つに絞り込むようになった。

もちろん、周りの動きも関係してくるため、そういった予測も含め、シミュレーションにまつわるすべての精度を上げる必要があったが、トラックバイアスや騎乗馬の能力などをベースに考えたとき、勝つための選択肢がいくつあるかというと、実はそれほど多くはない。

だから、そこから一つに絞り、それができるかできないか、二つに一つというような戦術を取るようにしたのだが、そのほうが勝率は高かったし、晩年はかなり精度を上げられた実感もあった。もちろん、それができなければ負ける。応用はいくらでも利くが、リスクを取らなければ勝てないのがGIだ。


結局、2020年のコントレイル、2021年のシャフリヤールと、生涯で3度も勝つことができたダービー。まるで憑《つ》き物が落ちたように……という表現がピッタリだが、一体何が変わったのかは自分ではわからない。

ただ一つ、わかったことがある。

ワグネリアン　日本ダービー　2018年　撮影／髙橋由二

2000勝という想像していなかった数字を達成し、これ以上ない充足感を味わいつつも、ほんの少しだけ、まだ何かが抜け落ちているような感覚をずっと持っていた。たとえるなら、1ピースだけ埋まっていないパズルのような……。

その最後のピースこそ、自分にとってダービーだったのだ。勝つことができて初めて、それがよくわかった。父親の代から引き継いできた肩の荷を下ろせたことで、ようやくパズルが完成――。

自分のジョッキー人生を変えた、本当に大きな出来事だった。

第6章

欲のコントロール

Control My Greed

〝勝ちたい〟という気持ちをいかに抑えられるか

勝ちたい気持ちが強すぎると、早めに動いてしまったり、冷静な判断ができなかったり。コンマ何秒の判断が明暗を分ける競馬では、欲をコントロールすることがとても大事だと考えてきた。

欲が勝ちすぎると判断力が曇る。それは間違いない。

最後の直線まで、いかに〝勝ちたい〟という気持ちを抑えられるか。それが欲をコントロールする作業の最上位だと思うが、勝負事である以上、なかなかできることではない。確かに〝無欲の勝利〟というものもあるにはあるが、それはあくまで結果論。コントロールしたのではなく、偶然の産物に近い。

では、勝ちたいという欲のぶつかり合いともいえる競馬において、その欲をどうコントロールすればいいのか――。

経験も技術も足りない中で、「とにかく勝ちたい!」「カッコよく乗りたい!」という気持ちが強い若手には難しいかもしれないが、やはり一番は、努めて冷静さを保つことだと思う。冷静であれば正しい判断ができる。それを積み重ねていくこと=欲をコントロールするということにつながる。

自分も完璧にできたとまでは言えないが、性格的に熱くなることがなかったぶん、欲とは比較的にうまくつき合えてきたような気がする。

ちなみに、第4章で触れた制裁や騎乗停止に関しては、勝ちたいという欲がそうさせたわけではない。実際、勝ちたいがあまり、危ないとわかっていて狭いところに突っ込むという判断はしていないし、自分が突っ込んでも誰かが引いてくれるはず、なんていう考えもなかった。

あれはひとえに、「もっと数を勝てるはず」という慢心による傲慢な騎乗と、それゆえの意識不足、注意不足が原因だと思っている。

笠松から中央競馬に移籍し、多大な功績を残したジョッキーである安藤勝己《あんどうかつみ》さんは、かつて後輩たちに「勝とうと思って乗っているからダメなんだよ」と常々話していた。なぜダメなのかというと、勝ちたいという人間の欲が馬に伝わってしまうからだという。すると、馬はリラックスして走れず、本来の能力を発揮できないということだと思うが、その境地までたどり着けるジョッキーはそうはいないだろう。

自分も晩年は安藤さんの境地を目指し、近づけたような気がした瞬間もあったが、たどり着けたとは言いきれない。後から人に聞いた話だが、そんな安藤さんも引退間際、「最後まで完全な〝無〟にはなれなかった」と漏らしていたとか。それを聞いて、ちょっとホッとしたのを覚えている。

安藤さんの話は別として、欲とは本来、ジョッキーが持っていて然るべきもの。欲がまったくない状態では、負けても悔しくないわけで、敗因を探ることなく「まぁ仕方がないか」で終わってしまう。それでは次につながらない。

ありすぎてもダメ、なさすぎてもダメ。だからこそ、コントロールが必要なわけだが、こればかりは経験を積みながら自分のものにしていくしかない。

自分も負けて引き上げてきた後、何度も「欲をかきすぎたな……」と反省することがあった。まずは反省し、次は同じことを繰り返さないように意識をする。それを繰り返すうちに、いつしか無意識に欲をコントロールできるようになっていった気がする。

他者の欲をコントロールするには……

そもそも競馬界は、馬主、調教師、ジョッキー、そして馬券を買ったファンたちの欲がうごめいている世界だ。馬主や調教師にも「勝ちたい」「勝ってほしい」という欲があり、ジョッキーは自分の欲と向き合いながら、ときにそういった他者からの欲ともうまくつき合わなければならない場面がある。

では、他者の欲をコントロールするには、どうしたらいいのか。それはただ一つ、きちんと言葉で説明することに尽きる。

たとえば、まだキャリアの浅い2歳馬や3歳馬だったとしたら、次のような言葉で伝える。

「当然、このレースを勝ちたい気持ちがあると思いますが、この馬はまだこういうことができないので、それを経験させる必要があります。そのうえで勝てれば一番ですが、現段階ではあくまで勝利は副産物。重要なのは、ここでこういう経験をさせるということでしょう。だから、こういうレースをしますね」

ここまで丁寧に説明すれば、馬主さんや調教師も「わかった、任せる」となり、〝ここを勝ちたい!〟という他者からの欲は軽減される。

ただ、これを可能にするには、相手との普段からのコミュニケーションが必要であり、なおかつ説明をするジョッキーに説得力がなければ成立しない。

ここが難しいところで、若手が突然こんなことを言い出したって、「お前、何を言ってんだよ。いいから勝てるように乗ってこい!」と叱責されて終わってしまう。説得力を持つためには実績を積み重ねるしかないが、馬の能力を正しく伸ばすためにも、そういうジョッキーが一人でも増えてくれたらいいなと思う。

馬にとって正しい選択を迫られるシーンは多々あるが、たとえばダービーに出走するためにはこのレースを勝たないといけない、という馬がいたとする。でも、この前に走ったばかりだから、ちょっと疲れている。

しかし、ここを勝たなければダービーに出られないから使う。そして負ける。ダメージが大きく、その後はしばらくレースに使えなくなる――よくある話だが、これは完全に人間のエゴであり、欲が判断力を鈍らせた結果だ。

馬主さんが「ダービーに出たいから、このレースを使ってよ」とか「この日、競馬場に行くから使ってくれない？」と依頼してくるのは、ある意味、仕方のないこと。大事なのはその先で、馬主さんのリクエストを現場の人間が正しく判断できるかどうかだ。

出走するかどうかを決めるのは調教師であり、レース中の判断はジョッキーに委ねられるわけだが、その両者が自分の欲と他者の欲をきちんとコントロールできていないと、馬にとって取り返しのつかないことが起こってしまうケースだってある。

そういう意味で、説得力が必要なのは調教師も同じ。むしろ、ジョッキー以上にその有無の差は大きいはずだ。

一朝一夕に得られるものではないが、馬にとってベストな選択ができるよう、自分も早く説得力のある調教師になりたいと思っている。

騎乗に影響!? ファンの欲に翻弄されたことも

現役中には、ツイッター（現X）や連載コラムを通じてファンの欲とも向き合ったことがあったが、途中で限界を感じてやめることにした。

ちなみに、ツイッターをやっていたのは大昔のこと。お酒を飲みながら書き込んでいたので、ツイッター上でファンとケンカになった（笑）。「これはダメだ」と思い、すぐに閉じたという経緯だ。

大手競馬情報サイトである「netkeiba」では、2014年から約4年にわたりコラムを連載。随時、質問を募集していたこともあり、ファンの欲と向き合うことの難しさを思い知るには十分な時間だった。

馬券を買っている人が求めるのは「3着までにくること」。でも、厩舎やジョッキーといった現場が求めるものは、そればかりではなかったりする。最初は、そういうことも知ってほしいと思ってコラムを始めたが、その認識を擦り合わせる作業は、思った以上に大変だった。

ファンと自分たち現場の人間で最も認識の違いを感じたのは、「勝ちにいく競馬」について。早めに動く＝勝ちにいくという認識を持つファンがとても多いと感じたのだが、自分からするとそうではない。あえて動かないことも勝ちにいく競馬の一つであり、何度か「なぜ勝ちにいかなかったのか」というような意見が届き、その都度説明したつもりなのだが、それは伝わりづらいし、理解されづらいことを知った。

そして、これは自分の弱さなのかもしれないが、ファンの声を拾ってしまったばかりに、批判されないようなポジショニングを考えたりして、騎乗にも影響が出た時期があった。まさにファンの欲に翻弄されてしまった例だ。

あとはやはり、表に出る職業とはいえ、自分も感情のある人間。自分のことを悪く言っている意見を目にすると、嫌な気持ちになる。見なければいいと思うかもしれないが、今の時代、それもなかなか難しかった。

競馬の奥深さ、本質的な面白さを伝えたいと思って始めたコラムだが、いつしかそれがストレスになっていたことに気づき、〝伝える〟という役目は2018年に卒業することにした。自分のやるべきことに専念したからか、以降はそれまで以上にジョッキーという仕事に集中できたような気がする。

ただ、間接的とはいえ、ファンとやり取りできたことで、いろいろと勉強になったのも確かだ。やらなければよかったと思ったことは一度もなく、今ではむしろ、一つの経験としてチャレンジしてよかったと思っている。

自分にとっての「最適な緊張感」を知る

欲と共に、コントロールが必要なことといえば緊張だが、緊張したほうがパフォーマンスは上がるという人もいれば、まったく緊張しないほうがいいという人もいる。

だからこそ大事なのは、最も集中力が増して、精神的にも肉体的にも一番良いパフォーマンスが発揮できる、「自分にとっての最適な緊張感」を知ることだ。

とはいえ、さまざまなシチュエーションで多くの経験を積まないとベストは見えてこない。そのときどきの緊張感とパフォーマンスを記憶に刻みながら、自分のベストを探し続けることが大事だと思う。

前章でキングへイローでのダービーを紹介したように、自分はデビューして早々に頭が真っ白になるという過度の緊張状態を経験したおかげで、以降は引退まで一度も緊張に飲まれてしまうことはなかったし、比較的早い段階で、あまり緊張しないほうがパフォーマンスを発揮できるという自分の最適解を見つけることができた。

準備不足による不安が緊張につながることをキングへイローで学んだので、海外で初めての競馬場で乗る際などには、コースレイアウトや馬場の特徴を頭に叩き込み、同じレースに出走する馬の情報も全部仕入れるなど、徹底した事前準備でできるだけ不安要素を取り除いた。あとは、深呼吸することで横隔膜を下げ、身体をリラックスした状態に持っていくことで緊張を逃がすこともあった。

そうこうしているうちに、ほとんど緊張しなくなり、「緊張したな……」という最後の記憶は、ジャスタウェイで挑んだ凱旋門賞（2014年）までさかのぼる。

緊張を自覚したのは返し馬で、全身に力が入らないようなフワフワした感覚になり、「この感覚、久しぶりだな」と思いながら乗っていた覚えがある。ただ、不思議なもので、緊張したのは返し馬の間だけ。馬を止めてからは、自然といつもの自分に戻った。

以来、引退するまでの約10年間、2020年のコントレイルでの無敗クラシック三冠のときも含めて、記憶に残るほどの緊張の波は最後まで訪れることはなかった。

むしろ逆に、「どうしたら自分で緊張を生み出せるか」を追求したときもあった。緊張を和らげる方法は本などでも紹介されているけれど、どうすれば緊張を生み出せるかという本は見たことがない。もし、そのオンオフが意図的にできれば、本当の意味で緊張のコントロールができるのでは、と思うことがあったのだ。

なぜ、そんなことを考えたのかといえば、やはりジョッキーという立場で味わう緊張感は、ジョッキーにしか味わえない特別なものだから。一つの仕事を長く続けていると、どうしても慣れが出てきてしまうが、現役時代後半もたまに胸がザワつくような緊張感が湧き上がってくることがあり、そんなときは「あっ、これこれ！」といった感じで、その状況を積極的に楽しむようにしていた。

調教師となった今、ジョッキーならではの緊張感は二度と味わえない。ジョッキーという仕事に未練はまったくないが、あの緊張感を味わえることだけは少しうらやましく思ったりする。

スランプの原因はあくまでも技術不足

20代前半の頃、2週続けて未勝利に終わったことがあった。

ノリさん（横山典弘騎手）に「ここ2週、勝てないんですよね」と思わずこぼしてしまったのだが、そのときに言われたのが「なんだお前、毎週勝つようなジョッキーだったのか」ということ。

言われてみれば、そのとおり。「俺は毎週勝って当たり前のジョッキーではないや」と目が覚めた気がした。

当時はただ単に勝てないことを愚痴っただけで、スランプとまでは思っていなかったが、似たような状況に陥った若いジョッキーが「スランプ」という言葉を使っていると、ものすごく違和感がある。

だから、「最近、全然勝てないんです。スランプなんですよね」と言ってくる若手がいたら、ノリさんの言葉を思い出し、「お前は毎週勝って当たり前のジョッキーなの？」と返すようにしている。

たいていの子は「違います」と答える。「じゃあスランプじゃないよ」と言うと、当時の自分がそうだったように、みんな妙に納得したような表情になる。

スランプとは、「それまで普通にできていたことが、理由なくできなくなること」だと自分は考えている。そうだとすると、ジョッキーにスランプなんて起こりようがないと思う。もっと言えば、どの競技の選手も同じだろう。

多くは自分の感覚と動作が一致しないことをスランプと捉えるのだと思うが、自分からすると、それは完全に技術不足であり、その原因が精神面に由来するものだとしても、そのコントロールを含めて〝技術〟だと思うから。

そういえば、四位さんも「ジョッキーという職業にスランプなんてあり得ない」とよく言っていた。いわく「走るのは馬だから」。競馬ならではの解釈だが、これもまた真理だ。

自分は、うまくいかないことや納得できないことが続いたとき、原因を見極める→修正する、という作業を繰り返してきた。

今までできていたことができなくなったとしたら、勝ちに急ぎ過ぎて周りが見えていない、緊張し過ぎてパフォーマンスが発揮できないということも理由になるし、ある程度の年齢を重ねれば、反応速度が鈍くなった、筋力や体力が衰えたなど、必ず理由があるはずだからだ。

とにかく、「スランプだから」で終わらせてしまっては、何も改善されないまま、また同じことを繰り返すだけ。むしろ技術を磨くチャンスと捉え、「できない自分」にとことん向き合うことこそベストな選択だと思う。

第7章

直感と心の声

Intuition of
the Heart

流れに身を委ねつつも直感は無視しない

自分は何事にも執着というものが薄いので、自分自身や環境が変わることに対し、抵抗というものがほとんどない。騎乗技術をゼロから見直したのもそうだし、30代半ばまで独身生活を謳歌していたのに、突然結婚したのもそう。思えば、小学2年生のときに突然転校したことも、突然ジョッキーになると言い出したことも、そして、そのジョッキーを辞めると決めたときも、ほとんど迷いというものがなかった。

人間は変化を恐れる生き物で、そこにストレスを感じるともいわれるが、泣いても笑っても〝福永祐一〟の人生は一度きり。変化を拒むのはもったいないとさえ思う。ただ、力技で強引に流れを変えようとは思わないし、そうしたところで良いことがないのは経験則でわかっている。

自分のベースにあるのは、「流れに逆らわない」こと。ある程度、流れに身を委ねつつ、そのときどきで生じた直感を信じて動いた結果、一見すると劇場型のような、変化に富んだ半生になった。

自分は特に、この直感というものを大事にして生きてきたように思う。あるいは、そのときは直感のように思えただけで、それが心の声だったと後から気づいたこともあった。

小心者だからか、「これ以上進んだらダメ」「この人とつき合ったらダメ」とか、そうした危機察知能力も敏感だ。実際に、何か危険な空気を察知して距離を置いていた人が、その後に大きな問題を起こして、「やっぱりな」みたいなこともあった。

前章で書いた連載コラムをやめたことも、最初は直感的に「やめたほうがいいな」と思ったのが始まりだった。そこから、なぜそう思ったのかを考えているうちに、その理由が心の声となって言語化されてきたようなところがあった。

次章で改めて触れるが、こうした思考の掘り下げ方をするようになったのは、明らかに妻である松尾翠《まつおみどり》の影響だと思う。彼女は何かを決断するときに、「なんで?」「どうして?」と自分の心にとことん問いかける。そうして、自分なら直感と言いきってしまうことにも、ちゃんと理由を見つける人なのだ。

ふとした直感でトレーニングをやめてみたら……

小野さんによる動作解析に基づいたトレーニングは引退するまで続けたが、それとは別の体幹や筋力を維持する身体的なトレーニングは、実は40歳のときにすっぱりとやめた。これに関しては、掘り下げたところで説明できる理由は今のところない。あるとき「本当にこのトレーニングが必要なのか」と思ったことがきっかけで、これこそまさに直感だった。

トレーニングマニアというほどではなかったが、もともと新しいことを取り入れるのが好きな性格もあり、20代、30代の頃はいろいろなことに手を出した。

今でこそ、ジョッキーならではのトレーニング法もだいぶ成熟してきたが、自分が20代の頃はまだまだ「馬乗りに必要な筋力は、馬に乗ることでしかつかない」という考え方の人がたくさんいた時代。

そんな中、他業種の人、それこそ野球やサッカーなど成熟している競技の選手から話を聞いて、ジョッキーのトレーニングとして取り入れられるものがないかを探すなど、自分は常にアンテナを張っていたし、実際にチャレンジしたりもしていた。小野さんによる動作解析もその一つだ。

ケガをした後のリハビリでは、イチローさんをはじめ、多くのアスリートが利用していることで有名な鳥取のトレーニング施設、ワールドウィングまで行ったこともある。そこの代表である小《こ》山《やま》裕《やす》史《し》さんが考案した初動負荷理論に基づいたマシンがあり、現役時代のイチローさんは、そのマシンをアメリカまで持っていきトレーニングしていたとか。そういう話を聞くと、とりあえずやってみたくなる。ただの新しい物好きなのかもしれないが（笑）。

変わり種では、何か一つでも騎乗のヒントになることはないかと思い、古武術で有名な甲野善紀《こうのよしのり》先生のご自宅まで伺ったこともある。実際、身体の使い方とか面白い発見もあり、思いきって行ってよかった。

とにかく、誰かから「いいよ」と聞いて、ひょっとしたら仕事のプラスになるかもと思うことは何でも一回はチャレンジした。そして、自分に合うと思えば続けたし、合わないと思ったり、あまり意味がないと思ったりしたらスパッとやめる。執着を持たない自分らしいが、その繰り返しでいろいろなことにチャレンジしてきた。

こと仕事に関しては、そのあたりのフットワークはものすごく軽い。かたやプライベートでは、どんなに「釣りに行こう」とか「山に登ろう」と誘われても、微動だにしなかった(笑)。

かなり前置きが長くなったが、そんなふうにいろいろなことに取り組んできた自分が、それまで続けてきた体幹や筋力トレーニングをやめてみた結果、何がどう変わったかというと――何も変わらなかった。

変えてみた結果、ダメだったら戻せばいい

新しいことにチャレンジすることは好きだが、もともとトレーニング自体は好きではない。仕事上、必要性にかられてやっていたにすぎない。その都度、バランスをトレーナーに見てもらい、修正してもらって週末の競馬に臨むというサイクルだったが、あるときふと「やらないと崩れるのか？」と思ったのだ。

ふと思う、ということは、やはり何らかの引っかかりがあったということ。それこそ心の声ではないが、その「ふと」に従ってみたら、引退まで何もしないまま、問題なくレースに乗ることができた。

それと同時にマッサージもやめた。それまでは、土曜日に乗ると背中が張る気がして、それをマッサージでほぐしてもらい、日曜日の競馬に臨むというサイクルだった。だが、なぜかわからないが、マッサージをやめてもそれほど背中の張りが気にな

らなくなった。

結局、最後まで続けていたのはストレッチだけで、最後のほうは人に身体を触ってもらうことがまったくないまま、競馬に臨んでいた。


それまでずっと続けていたことをやめるというのは、人によって勇気がいることかもしれない。ただ、自分はその点でもまったく抵抗がない。やってみなければわからないのと同じで、やめてみなければわからないと思うからだ。

やめてみて問題が出てきたら、また再開すればいいだけ。変わること、変えることに対するハードルが低いのも、やはり物事に対する執着のなさゆえなのか。

新人調教師として身の丈に合った生活を

そもそも、やめるにせよ、始めるにせよ、変わるにせよ、「こんなことをしたらカッコ悪いな」とか「こんなふうに見られたら嫌だな」といった、プライドを主体とした判断基準が自分にはない。

人に話すと驚かれるのだが、調教師になったことをきっかけに、ジョッキーだった頃と比べて、泊まるホテルのランクも飛行機の座席のランクも落とした。自分はもうトップジョッキーではなく、今はまだスタートしてもいない新人調教師だからだ。

よく、人間はそう簡単に生活レベルを落とせないというが、そのあたりは自分も妻もあまりこだわりがない。それ以前に、妻はもともと毎月決まった給料の中で生活をする人生をずっと送ってきた人であり、無駄な出費をとても嫌う。「使ったら、それ以上に稼げばいい」と思ってきた自分とは、金銭感覚を擦り合わせるのに2年近くかかった。

ただ、何事も変わることに抵抗がない自分は、妻に「タクシーよりも電車のほうが時間の計算が立って便利だよ」と言われれば、「あ、そうか」と思い、渡された交通系ICカードを使い始めたし、街中で車を停めるときも、ジョッキーの頃は料金など気にしたことが正直なかったが、妻に「もっと安い駐車場があるよ」と言われ、今ではしっかり駐車料金を気にするようになった。

調教師になってから家族で行った海外旅行も、飛行機は全部エコノミークラス。家族5人でネパールに行ったときには、ベッドが2つあるだけの狭い山小屋に5人で寝たことも。1泊1000円。すごく楽しかった。

ジョッキー時代の海外への移動は、身体に違和感が少しでも生じるとレースに差し支えるからビジネスクラスを使っていたが、今はエコノミークラスでもまったく問題ない。確かに寝づらいとは思うが、もう慣れた。金銭感覚を含め、自分はそのあたりの順応も早いほうなのだと思う。

この1年は、厩舎開業の準備などで北海道を筆頭に国内を移動することも多かったが、その際のホテル選びも便利な場所であることが最優先。「どこに泊まっているの?」と聞かれて答えると、「そんな安いホテルに泊まってるの!?」と驚かれたりもしたが、1泊5万円も10万円もするホテルに泊まったところで寝るだけなのだから、今の自分にとってはただの無駄遣いだ。

ちなみに、技術調教師として藤原英昭厩舎に所属しようと思っていたものの、藤原調教師に「(所属した厩舎の)色がつくから、お前はフリーで行け」と言われ、所属させてもらえなかった。1年間、藤原厩舎に所属して給料をもらおうと思っていた自分としては、完全に当てが外れた(笑)。

そのため、開業までの1年間、本業では無収入。寝るだけのために5万円も10万円も払っていられない。高いホテルに泊まるのは、トップトレーナーになってからのお楽しみとして、とっておこうと思う。

「天性の人たらし」は父親からの遺伝!?

ジョッキー時代、特に独身の頃は、「使ったぶんだけ稼げばいい」とばかりに自由にお金を使ってきたが、もともと見栄を張るのは好きではない。

東京は好きだが、絶対に住まないでおこうと思ったのも、身の丈にあった選択がしづらい街だと思えたからだ。滋賀県で生まれ育った自分からすると、東京は経済力も人間力もすごい人たちが集まっているという印象で、そうした人と一緒にいると、勝手に同調圧力のようなものを感じたものだ。

たとえば金銭感覚にしても合わせなければいけないというか、むしろ自ら合わせたくなるような怖さがあって、しんどいと思うこともあった。

そこで本来の身の丈を見失ってしまう人もいるのだろうが、自分は絶対に勘違いしないし、そのあたりのバランス感覚は持っているつもりだ。

第3章で「執着がないことが自分の強み」と書いたが、この「バランス感覚」というものも、自分のもう一つの強みだと思っている。強引に物事を進めたり、どちらか一方に振りきったりすることもなく、流れに身を委ねつつも変わってこられたのは、おそらくこのバランス感覚のおかげだ。

人づき合いにしてもそう。「お前、うまいことやってるなぁ」と馬主さんから言われるけれど、そんなつもりはまったくなく、もちろん無理をしているわけでもない。自分が好きだと思う人、面白いと思う人と一緒にいるだけなのだが、人からは「うまいことやっている」と見えるとしたら、やはり自分の中で自然と人づき合いのバランスが取れているのかなと思う。

そういえば昔、（ノーザンファーム代表・吉田勝己《よしだかつみ》氏の妻である）吉田和美《よしだかずみ》さんに、「あなたは本当に天性の人たらしね」と言われたことがある。もちろん、狙ってやっているわけではないし、多くの人に受け入れられたいとか、これっぽっちも思っていないのだが。

そこで思い出したのが、父親のことだ。現役時代の父親のエピソードを母親や周りの人たちからたくさん聞いたが、それらを聞いていて思ったのは、父親はセルフコントロールがうまく、人心掌握術に長けていたのではないかということ。

周りからは「無口な人だ」とよく聞いていたが、母親から見た夫・福永洋一は「おしゃべり」。ということは、家の外では無口なキャラを演じていたのかなと思ったし、人間関係を円滑にするために、わざと麻雀で負けていたという話もある。自分も、波風を立てないような着地点を見つけることは得意だったりするから、そういったバランス感覚はＤＮＡに刻まれているのかもしれない。

あとは、当時の父親の写真はほとんどが笑顔で、どの写真からも人懐っこさが伝わってくる。あの笑顔ですべてが許されるようなタイプだったとしたら、そこも受け継いでいるのかもしれない（笑）。

特に若手は、年中怒られている子がいるような世界で、自分は引退するまで、ほとんど人から怒られたことがなかった。生まれながらの要領の良さは自覚しているところがあり、そのあたりのバランス感覚は、もしかしたら父親譲りなのかもしれない。

第 8 章

影響～福永祐一を作った人々

Influence

祖父　北村達夫

父が落馬事故に遭ったのは、1979年3月4日。自分が2歳3カ月のときだ。当然、父との思い出も含め、当時の記憶はまったくない。物心がついたときには、両親と妹、母方の祖父母との5人家族で、祖父・北村達夫《きたむらたつお》と母が懸命に父親のリハビリに取り組み、祖母が自分と妹の面倒を見ていた。

当時はそれが当たり前の毎日で、何も不思議に思わなかったのだが、よく考えてみると、祖父にとって父は義理の息子。祖父母は、父の落馬事故があるまで都内で仕出し弁当屋を営んでいたから、頻繁に行き来するほどの密な交流はなかったはずだ。それなのに、父が介護生活に入ると同時に繁盛していた弁当屋を畳み、都内の家を引き払って栗東にきてくれた。

娘である母を助けるためという見方もできるが、それにしても祖父は、体力が必要なりハビリのサポートを毎日こなし、下の世話から何から何まで、それこそ四六時中、父と一緒に過ごす毎日を送っていた。

その様子は、まさに溺愛。母以上に〝福永洋一〟を愛しているのではないかと思うほど、父への祖父の愛情はすごかった。

祖父は帯広畜産大学の馬術部出身で、第二次世界大戦時のワンカットとして、馬に乗っている写真が残っている。これはあくまで想像だが、だからこそ騎手である父のことも知っていたのかもしれないし、その福永洋一が娘婿となり、ものすごくうれしかったのではないか。

おそらく、娘婿である以上に「騎手・福永洋一」を心からリスペクトしていた。当時の祖父を思い出すと、そんな気がしてならない。

祖父は、家族の中で唯一、自分が騎手になることを望んでいる人だった。鮮明に覚えているのは、小学生の頃に一緒に風呂に入るといつも、「騎手にならないのか？」と聞いてきて、自分が「なりたくない！」と答えていたこと。

その話を持ち出すのはいつも風呂だったのだが、今思うと、祖父としても祖母や母に聞かれるのは具合が悪かったのだろう。なにしろ、父は壮絶なリハビリの真っ最中。そんな状況で「騎手になれ」なんて言おうものなら、おそらく祖母と母に烈火のごとく怒られていただろう。

祖父は、スラッと背が高く多趣味で、とてもカッコいい人だった。自分にとって本当に大きな存在で、さまざまな事柄を通じて「男とはどうあるべきか」を教えてくれた人であり、間違いなく、人生で初めて影響を受けた人物だ。大人になった今でも、祖父からの影響が多分に残っているのを感じる。

自分は靴磨きが好きなのだが、それも「いい靴を履けよ」という祖父の教えからきている。今、履いている靴も、気づけば10年物。きちんと手入れをしていれば、色褪《あ》せることはない。「靴を見ればその人がわかる」と言われるが、祖父が伝えたかったのはそういうことなのだろうと思って、今でもせっせと靴を磨いている。

祖父の言葉で一番印象的だったのが、「自分の環境は自分の心が決める」ということ。人に対して邪《よこしま》な気持ちや、騙《だま》してやろうみたいな気持ちを持って生きていると、周りにもそういう人間が集まってくる。そうではなく、自分の心が誠実であれば、必然的に周りにも誠実な人間が集まってくるから、と。

ほかにもたくさん大切な言葉をもらったが、この言葉は人生の教訓としてずっと自分の心に残っているし、大人になってからは「じいちゃんの言うとおりだな」と感じることも多かった。

自分がデビューしたときには本当に喜んでくれて、大げさではなく、心血を注いで応援してくれた。最近はインターネットで簡単に過去のレース映像を見られるが、当時はまだアナログの時代。そんな中、自分のために毎週レース映像を録画し、録りためてくれたのも祖父だ。

祖父のおかげで、過去のレース映像を見返す作業は当時からやっていたし、戦術面の技術を磨くにあたって、そこは大きなアドバンテージになったと思う。

デビューする1年前の1995年に祖母が、デビュー7年目の2002年に祖父が亡くなった。突然だった。

亡くなる数日前に祖父に会った際、とても顔色が悪く、「めちゃくちゃ顔色悪いし、死にそうな顔してるよ」なんて話をしたのだが、まさかその数日後に逝ってしまうとは……。

調教がもうすぐ終わるというタイミングで母から「おじいちゃんが……！」という連絡が入り、急いで実家に帰ったのだが、布団の中の祖父はすでに冷たくなっていた。

ずいぶん前から体調は悪かったのだろうが、介護が必要な父に加えて自分まで……と思ったのだろう。迷惑をかけたくないばかりに病院にも行かず、体調の悪さを訴えることもなく、独りで我慢していたのだと思う。

父が長年にわたって取り組んでいたリハビリは、祖父がいないと続けることができないほどハードなものだった。とてもじゃないが、母一人の手には負えない。だから、祖父が亡くなった時点でリハビリもストップ。

その頃の父は、自分の目にも信じられないほど回復していたし、介護が必要とはいえ、すでに健康体だった。そこまで回復できたのは、紛れもなく祖父のおかげだ。

誰よりも応援してくれた祖父に、リーディングジョッキーになったこと、父の悲願であったダービーを勝てたことは報告できなかったけれど、「どこかで見てくれているだろう」と思いながら、いつもレースに乗っていた。

亡くなってから20年以上の月日が流れたが、今でも祖父のことを思うと込み上げるものがある。

師匠　北橋修二

先にも書いたが、物心がついたときには、すでに父は車椅子に乗っているのが当たり前で、生活全般に介護が必要な状態だった。母親も、リハビリをはじめ、父の世話にほぼつきっきり。

これだけを聞くと、「寂しい子供時代だったのでは？」と思う人もいるかもしれないが、祖母もいたし、寂しいと感じたことは一度もなかった。

もちろん、父親とキャッチボールをしたこともなければ、動物園や遊園地に連れて行ってもらったこともない。だからといって、「なんでウチのお父さんは友達のお父さんと違うんだ！」みたいなことは思ったことがないし、おそらく妹の洋美《ひろみ》もそうだったと思う。

今ならわかるが、子供時代に寂しい思いをしなかったのは、母と祖父母がそう思わせない環境を一生懸命に作ってくれていたから。自分も人の親になり、あの頃の母や祖父母がいかに自分たち兄妹に心を砕いたか、より想像することができるようになった。

そしてもう一人、特殊な環境であった子供時代を楽しい思い出で埋めてくれたのが、後の師匠、北橋修二調教師だ。デビューしてからは意識して〝先生〟と呼ぶようにしているが、それまでは修ちゃん、修ちゃんと言って、よくなついていた。

第1章にも書いたが、北橋先生とは父親が作ってくれた縁。大人になってから聞いたのだが、父は麻雀が大好きで、しょっちゅう先生の家で麻雀をしていたという。当時、先生の奥さんと仲が良かったのが、日迫清《ひさこきよし》さんという調教師の奥さんで、その奥さんは、自分の母方の祖母のお姉さんだった。

つまり、母の伯母にあたる人で、母も日迫家にたびたび出入りしていたことから、周りの大人たちが「洋一と裕美子《ゆみこ》ちゃんをくっつけよう」と画策したのが、父と母の出会いらしい。

動物園はもちろん、父の介護でなかなか外に食べに行くことがなかった自分と妹を外食に連れて行ってくれたのも北橋先生だった。あまり覚えていないのだが、「外食に連れて行くと、祐一も洋美ちゃん（妹）も喜んでなぁ」とのことだから、子供の頃の自分にとって幸せな時間だったのだと思う。

北橋先生は元騎手で、1977年の引退と同時に調教師に転身。翌1978年に栗東トレセンに厩舎を開業した。後から奥さんに聞いたのだが、自分が所属する前の北橋厩舎は馬を入れてくれる馬主さんも3〜4人で、何より先生自身の仕事に対する熱量がそれほどでもなかったらしい。

それもあって、「福永洋一の息子を預かる」なんていう考えはこれっぽっちもなく、自分が競馬学校生の頃の競馬界は関東馬が強かったこともあって、「柴田政人《しばたまさと》厩舎の所属になって、関東で乗れ」と言われていた。最初は自分も関東で頑張るつもりだったのだが、学校生活の中でホームシックになり、同時に関西を離れるのがどうしても嫌になった。

その後、自分が「修ちゃんの厩舎に所属する!」と言い出したときの先生は、それはもう「えらいこっちゃ!」の大騒ぎで、「どうやって馬を集めようか、誰に頭を下げようか」と、来る日も来る日も頭を悩ませたという。

自分は見ていないが、〝福永祐一〟を一人前の騎手に育てるために、先生は実際にたくさんの人に頭を下げたのだと思う。気づいたときには、栗東で一番多くの馬主さんを抱える厩舎になっていたのが何よりの証拠だ。

今でも奥さんには、「祐一のおかげで修ちゃんがやる気になってくれた」と感謝されることがあるが、先生自身は「祐一だからとかではなく、人を預かるとはそういうこと」と一貫していた。

何度も書いたが、所属厩舎の馬には全部乗せてくれたし、自分がほかの厩舎の馬に乗ったときには、その調教師が年下であっても「祐一を乗せてくれてありがとう。これからもよろしくお願いしますね」と頭を下げていたというから、誰にでもできるこ

国内最終騎乗セレモニーで北橋先生と　撮影／髙橋由二

とではない。

大げさでも何でもなく、本当に人生を懸けて自分を育ててくれた。人間としてもジョッキーとしても、間違いなく自分の礎を築いてくれた人であり、〝北橋修二〟の最初で最後の弟子になれたことを心から誇りに思う。

北橋先生はとても思慮深い方で、人間関係一つを取っても、一歩引いたところで泰然と構えているようなところがある。そんな先生からよく言われたのが、「人から嫌なことを言われて不愉快な気持ちになっても、同じ土俵に上がるな」ということ。

「相手が傷つくことを想像できずに発言する人もいるし、わかっていてあえて言ってくる人もいる。こちらもつい相手を攻撃したくなるけれど、そこは一歩引いて、気の毒な人だと思うようにしないか？　きっとその人は、そういう人生を歩んできたんだ。レベルの低い人間だと思えば、腹も立たないだろう。『すみません』と言って笑って流して、もうつき合わなければいい」

また、先生はこうも言った。

「たいていのことは笑って許せたとしても、『こいつだけは許さん！』という人間が出てきたら、そのときは一生許すな」

これも一つの俯瞰する力なのかもしれないが、先生の言うとおり、避けられるストレスは避け、おかげさまで今、非常に心地よい人間関係の中で生きている。思慮深さにも通じる一歩引いて物事を見る俯瞰力、これからも北橋先生の教えを大切に生きていきたい。

先輩ジョッキー　四位洋文

今でこそバレット（レースに騎乗する際に必要とする道具を準備するなど、競馬開催日のジョッキーをサポートする仕事）という存在が当たり前になっているが、自分がデビューした当時は、ジョッキー自ら準備をしたり、所属厩舎のスタッフたちがサポートしたりする時代だった。

そんな中、デビュー前の研修の一環で、開催日にバレットのような役目を務めさせてもらったのが四位さん。もともと四位さんはゴールデンジャック（桜花賞トライアル・オークストライアル1着、オークス2着）をはじめ、北橋厩舎の馬に数多く乗っており、四位さんと初めて会ったのも北橋厩舎の大仲《おおなか》（各厩舎にあるスタッフたちの休憩所であり憩いの場）だった。

当時の自分はトレセン研修中の競馬学校2年生。「来年デビューの福永祐一です。

よろしくお願いします」と頭を下げた自分に、四位さんは片手を上げて「おう!」と答えてくれた。

デビュー当時、目標の騎手として挙げていたのも四位さんだった。四位さんは「身近にいたから、とりあえず名前を出しておけばいいや、みたいな感じだろ?」なんて言っていたが、そんなわけはない。空気を読むくらいなら、迷わず「父です!」と答えていたはずだ。

とにかく四位さんは、存在そのものがすごくカッコよかった。子供の頃から乗馬界では知られた人だけあって、当時から特別な技術を持っているジョッキーで、馬に乗っている位置自体がほかの人とは違い、四位さんにしかない機能美があったのだ。

四位さんには、本当にいろいろなことを教えてもらった。若い頃、一緒に調教に向かう際には、「祐一、とにかく前に乗れ!」と指導を受けた。

その指導方法もわかりやすくて、「シッティングの状態でオナラをしたときに、オナラが前から出てくるようじゃだめだ。大事なのは股関節の角度。いい位置、いい姿勢で乗っていれば、オナラはちゃんと後ろに行くから」と教えてくれた。

返し馬を大事にするようになったのも、四位さんの影響が大きい。直接大きなコースに出て、速歩《はやあし》して駆歩《かけあし》して終わりという調教が主流だった時代に、四位さんは一人だけ角馬場（主に準備運動に用いられる1周200～600mの小さなコース）でフラットワーク（馬体をほぐし、身体の使い方の質や運動へのモチベーションを高めるためのトレーニング）をしていた。

最初はみんな「あいつ、なにやってんだ。角馬場でくるくる八の字なんか描いて」と言っていたのだが、今ではみんな、その行程を通るのが普通になった。

技術面に関しては、早々に自分がたどり着ける領域の人ではないなと思ったから、四位さんとは別の方向からのアプローチに取り組んできたが、結果が出るようになった際には「祐一、頑張ったな」とちゃんと認めてくれて、素直にうれしかった。

馬とはこういう生き物だという本質的なこともたくさん教えてもらったし、何より一番の教えは「競馬は点ではない。線なんだよ」ということ。

結果は1レースごとに出るけれど、そこでどういう競馬をしたかが先々につながっていく。この馬をどういう馬に育てたいのか、その結果、どのステージまで連れていきたいのか――。そうした視点を持って競馬に乗るようになったのは、やはり四位さんの影響が大きい。

ジョッキーとしてだけではなく、四位さんにはプライベートでもかわいがってもらった。スマートなお酒の飲み方を教えてくれたのも四位さんだ。お酒が大好きな人だけど、その振る舞いはいつだって紳士。今でもそうだと思うが、当時から行儀の悪い飲み方を嫌う人で、さらに行きつけの店をとても大事にしていた。

自分の場合、リーディングを争う中で酒癖が悪くなった時期もあったけれど（苦笑）、若い頃から今でもずっと、お酒の場での理想は四位さん。この年齢になってさらに、そうしたカッコいい人間でありたいと常々思っている。

妻　松尾翠

独身時代は、他人と生活するなんて絶対に無理だと思っていたが、本能的なものなのか、30歳を少し過ぎた頃、無性に結婚したくなった時期があった。その時期は、意識して出会いを求めたのだが、「この人となら」と思える人には出会えず。「もう結婚は無理だな。別に独りでもいいや」とあきらめた頃、同期の細江純子さんの結婚式があり、そこで松尾翠と出会った。

うまく言えないが、ピンときたところがあったのか、共通の知人を通じて改めて場を設けてもらうことに。すでに30代半ばに近づいていたから、軽々しく連絡先を聞くこともなく、たくさん話して自分という人間を知ってもらうところから始めた。

とにかく妻は、最初から面白かった。それは、友達に対して感じる面白さに近く、出会って早々、この人といたら飽きないだろうなと思った覚えがある。30歳を過ぎた男として、それなりに恋愛経験はあったが、そう思えた女性は翠が初めてだった。

友達にしてもそうだが、自分とは正反対の人を好きになる傾向がある。市川團十郎や伊藤英明にしてもそうだし、将雅もそうだ。

妻も、自分とは違うところをたくさん持つ人。〝自分〟というものを強く持っている人だが、出会った頃、それを主張してきたときに、なぜか嫌な感じがまったくしなかった。もし自分が20代の頃に出会っていたとしたら、もっと衝突していたかもしれない。今さらながら、出会ったタイミング、そして年齢が7歳離れているというのも良かったのだろう。

とにかく、結婚を機に生活も人生も変わった。独身の頃は、それこそ毎日のように飲みに行っていたが、そういう機会が明らかに減った。自分も妻も、お互いに対して「飲みに行くな」と言ったことは一度もないが、自分としては行く必要がなくなったという感覚だ。独身の頃は、寂しさを埋めるために出歩いていたのだと思う。当時は意識していなかったが、満たされた今となっては、それがはっきりとわかる。

パーッと騒いで好き勝手生きていた独身時代も楽しかったが、「幸せだなぁ」と幸福感を得られる瞬間はそれほどなかった。それが今では、妻がいて、3人の子供たちがいて、日常の中にその幸福感を感じられる瞬間がたくさんある。

「他人と暮らすなんて絶対に無理！」と豪語していた自分が、まさかこんなに変わるなんて……とも思ったりするが、独身貴族的な生活をスパッと捨てられたのも、変化することに対する抵抗のなさ、ひいては執着のなさゆえかもしれない。

第7章で触れた「心の声を聞く」ということについても、妻の影響を多分に受けた。彼女は内省を日々習慣的にやっている人間で、その都度、自分の心に問いかける。何かやりたいことが出てきた場合も、「なぜやりたいのか、どこに魅かれているのか、やったらどうなるか、やらなかったらどうなるか」などどんどん突き詰めて、自ら答えを探しにいく。

妻である松尾翠と共に　著者提供

自分はそこまで物事を掘り下げるタイプではなかったが、そんな妻と話しているうちに、これまでの自分だったら「直感」の二文字で片づけていたものに、理由や深層心理を見出せるようになった。

それこそ心の声だ。

だからこそ、自分の内面と

きちんと向き合うことができるし、その結果、自分自身を信じきることができる。その感覚は、間違いなく彼女が教えてくれた感覚だ。

自分の可能性をさらに広げていくうえで、本気で自分を信じ抜けるかどうかというのは大事なこと。それが理屈ではないことを知った。

晩年の〝ジョッキー・福永祐一〟を支えたのは、まさに自分への信頼であり、妻と出会って一番変わった点だと思う。

出会ったときに感じた面白さは相変わらずで、小心者で自己防衛しがちな自分に対して、彼女は猪突猛進の人。そこはやっぱり今でも刺激を受ける。

2023年、彼女たっての希望でエベレストを見にネパールに行ったのだが、海外旅行を考えたとき、自分にはまずエベレストに行くという発想はない。だから、最初は「ネパールか……」と思ったのだが、実際にエベレストを目の前にしたら、心が震えるほどに感動した。

まぁいろいろ大変だったこともあり、もう一度行こうとは思えない自分に対し、「次は登ってみたいね！」と無邪気に笑う彼女。自分は絶対に登らない（笑）。

この違いが面白さであり、とにかく仕事以外では好奇心が働かない自分にとって、常に新しい世界を見せてくれる人、それが妻だ。

母　福永裕美子

母については感謝より先に、とにかくずっと親不孝をしてきたという思いに尽きる。せっかく始めた乗馬を「面白くない」と言って辞め、サッカーに夢中になっていたと思ったら、突然「騎手になりたい」と言い出した息子。わかってはいたが、断固とした口調で猛反対されたのを覚えている。苦しいリハビリに励む夫を誰よりもそばで見ていたのだから、反対するなというほうが無理な話だ。

今思うとひどい話だが、自分はそんな母を説得しようともせず、なると決めたからにはなるのだとばかりに、話し合いの場を持とうともしなかった。

「親の心、子知らず」とはよく言ったもので、騎手になりたいと聞いた母親がどんな思いをするのか、当時の自分は想像することができなかったのだ。

母も自分の前ではそんな話自体がなかったかのような態度で過ごしていたが、柴田政人さんや北橋先生にはこっそり相談していたらしい。二人から「本人がなりたいと言っているなら、反対しても仕方がないよ」と言われ、渋々ながら折れたのだ。

以来、競馬学校時代を合わせると、約30年。自分が馬に乗っている間は、母の心が休まる日はなかったはずだ。

「ようやく長きにわたった親不孝を終えることができてホッとしていますし、申し訳なく思っています」

そんな母に、引退式での挨拶を通じて、ようやく謝ることができた。自分が引退してからは、競馬を見なくなったとのこと。これからは、30年間訪れることのなかった、心穏やかな週末を過ごしてほしいと思っている。


母という人間は、とても明るい人だ。大変な毎日だったはずなのに、子供の頃から母親が愚痴ったり、イライラしたりする姿は一度も見たことがなく、どんなに記憶をたどっても、笑っている顔しか思い浮かばない。そんな母の明るさには、ジョッキーになってからも救われることが多かった。

ちなみに、母と妻は雰囲気が似ていると言われることがたびたびある。そして義母と母も見た目や雰囲気などが似ていたりする。もちろん、それを意識して結婚を決めたわけではないが、確かに結婚してからは妻の明るさに助けられてきた。やはり、巡り合わせだったのかなという気もしている。

父　福永洋一

自分が結婚10周年を迎えて改めて思ったのだが、父の落馬事故が起こったのは母と結婚してほんの数年後のこと。二人で過ごした時間なんて、ほんのわずかだ。それでも母は、父のリハビリ、そしてその後の介護に人生を捧げた。

父に対する母の愛情が深いことは子供の頃から感じてきたが、それにしても、まだ若かった母にそこまで決意させた父は、どれだけ魅力的な男だったのだろうと考えたことがある。まだ独身だった若い頃、そんな父と母を見て、「自分はここまで相手に思ってもらえる男になれるだろうか」と不安になったことがあるくらいだ。

現役時代の父については、いろんな人からいろんな話を聞かせてもらったが、一様に口を揃えるのが、「あいつは天才だった」ということ。

追い込み馬をいきなり逃げて勝たせたり、逆もしかり。とにかく同じジョッキーでも想像だにしない乗り方をするジョッキーであり、「ホンマの天才は洋一だけや」という評価を何度も聞いた。

当然、自分は現役時代の父を知らない。なにしろ競馬に興味がなかったから、父のレース映像を見たこともなかった。ちなみに、若い頃のインタビューか何かで、「父のレースをたくさん見て勉強しました」というようなことを答えたことがあるが、そう言ったほうがいいかな……と思ってのことで、まったくの嘘だった。

ジョッキーとしての父を知らないからこそ、周りの人が「すごいジョッキーだった」と言えば言うほど、自分にとっては遠い存在になっていくような気がしていた。

だからこそ、福永洋一の息子であることにプレッシャーを感じたことは、本当に一度もない。超えようと思ったことも、ましてや超えたと思ったことなど一度たりともない。

自分は覚えていないのだが、デビュー当日の競馬終わりに取材を受け、そのときから次のように答えていた。

「何勝しても父を超えることはできない。なぜなら、家には懸命にリハビリに取り組んでいる、もう一人の父がいるから」

つまり、自分にとっての父は、ケガの後遺症と必死に闘っている父であり、最初から超えるとか超えないとかの対象ではなかったということ。どんなに「すごいジョッキーだった」と言われても、馬に乗っている姿を見たことがないのだから、目指すことすらできなかったと言っていい。

ただ、取材などで「やはりお父さんが目標ですか？」みたいな質問をされたときに、ムキになって否定することはしなかった。実際、父の名前を借りてデビューしたようなものなのだから、強く否定するのも何か違うなという思いがあった。

プレッシャーに関して言うならば、北橋厩舎と瀬戸口厩舎の馬に全部乗せてもらっているというプレッシャーのほうが、はるかにきつかった。そのため、フリーになる30歳までは、「福永洋一の息子」よりも「北橋修二の弟子」という意識のほうが大きかった。

「福永洋一の息子」としての意識が徐々に芽生え始めたのは、フリーになってから。なぜなら、後ろ盾を持たずに戦っていくわけで、生き残るも淘汰されるも自分の腕次第。そうなって初めて、「福永洋一の息子」であることを意識したような気がする。

その後、数年が経ったある日、父の偉大さを実感する出来事があった。父のレース映像をまとめたDVDをコーチである小野さんと一緒に見たときだ。

当時の自分は、小野さんが考えた1〜10段階の動作解析に基づいたメソッドに取り組んでいる最中で、確か5、6段階目に入った頃だったと思う。再生した父のレース映像をコマ送りで見たところ、明らかに自分が少し前に取り組んでいた3、4段階目の動きを再現していた。それに気づいた自分は、思わず「あっ！」と声を上げた。

その映像は、今から50年近く前のもの。なぜその時代に、自分が30代後半に取り組んでいた騎乗ができていたのか。これにはさすがのコーチも驚いていた。

どのスポーツでもそうであるように、新たなトレーニング理論の確立や、情報量の増加などを経て、選手たちの技術はどんどん進化していく。だから、50年前より今のジョッキーのほうが騎乗技術に優れているのは、ある意味、当たり前だ。しかし、そんな時代に父は、自分が２０１０年代に取り組んでいた騎乗を、おそらく自分の感覚だけですでに実践していた。

それに気づいたときに思ったのは、「そりゃあ9年連続リーディングを獲るよな」ということ。父のすごさを初めてこの目で確認できた瞬間だった。

映像の中のほかのジョッキーと比べても、その違いは歴然。馬の受け方、構え、懐の深さが違う。道中も直線も軸がブレることがない。そのうえで、馬の後ろ脚の動きに合わせて体が動いている。

馬は伸縮を繰り返して走る中で、エンジンは後ろ脚にある。後ろ脚が入ってきたときは、必然的に馬の尻が上がる。そのときに、ジョッキーの重心が後ろに残ったままだと馬のスピードを殺してしまう。つまり、馬の後ろ脚の弾みを受け、その推進力が背中を伝わって前肢が伸びるときに、推進力を殺すことなくスムーズに重心を移動し、完歩を最大限に伸ばすことが理想だ。

とはいえ、言葉で言うほど簡単ではなく、自分もイメージする乗り方を実現するまでには10年近くかかった。父は一体、どこであの乗り方を会得したのだろう。叶わないことはわかっているが、そこは本人に詳しく聞いてみたかったと今でも思う。

以前、母から聞いたのだが、父は騎乗技術を磨くために「ヨーロッパに行きたい」と話していたらしい。師匠の武田文吾《たけだぶんご》先生に止められて実現しなかったようだが、もし当時の父がヨーロッパに行っていたら、一体、どんなジョッキーになっていたのだろうか――。

調教師となった今でも、そんなことをふと考えたとき、〝天才ジョッキー・福永洋一〟のあるはずだった未来を想像せずにはいられなくなる。

第9章

パーソナリティ

Personality

小心者である一方で、ポカの常習犯

20代の頃は、毎晩のように飲みに行っていたが、いわゆる出遅れ（朝寝坊）をしたことはほとんどない。記憶にあるのは一度だけ、日曜朝の3時乗りに15分くらい遅れて行ったことくらいだ。

「仕事だから当たり前」と言ってしまえばそれまでだが、なにしろ競馬界は朝が早いから、特に若手の出遅れは起こりがち。自分の場合、朝は強いほうだったこともあるが、それ以上に小心者だったことが功を奏したように思う。

子供の頃から遅刻をはじめ、とにかくルールを破るということが怖くてできない。今でもそれは変わらず、ごく短時間の路上駐車ですら無理だ（笑）。

そういった性格とは明らかに矛盾するのだが、反面、良い流れや大事なときに限ってポカをやらかすのも自分の特徴。小学生時代の通信簿にも「ときどきポカをする」

と書かれていたし、競馬学校を卒業する際も、教官から北橋先生に「ときどきポカをやらかすので気をつけてください」と申し送りがあったくらいだから、これはもう筋金入りだ。

思い返せば、競馬学校の入学試験前に骨折したこともそう。そしてデビュー1カ月後には鞍の取り違えで斤量ミスをやらかし、騎乗停止期間としてはマックスとなる30日間の騎乗停止になったことも。

そんな自分の人生最大のポカといえば、1999年、プリモディーネの桜花賞でGI初制覇を決めた直後の落馬だろう。舞台は翌週の小倉大賞典。パートナーは3番人気のマルカコマチで、返し馬で突然馬がピタッと止まった。その反動で自分は落とされたのだが、手綱を持ったまま落ちたものだから、勢いでクルッと回って馬の下に入ってしまい、背中を強く踏まれた。

当時はプロテクターの着用は任意で、自分も含めてほとんどのジョッキーが着けていなかったため、背中と蹄鉄の間にあったのは、インナーと勝負服のみ。その結果、腎臓を一つ摘出する大ケガを負った。

その落馬がなぜポカなのかというと、完全に自分の気の緩みが招いた事故だったから。前の週に桜花賞を勝ち、明らかに浮かれていたのだ。集中していれば落とされることはなかったと今でも思うし、ある意味、良い流れにあるときに限ってやらかすという典型例だったと思う。

ちなみに、翌日は皐月賞。自分はまだ手術前で、病院のベッドの上でテレビを見ていたのだが、その目に飛び込んできたのは、同期である和田とテイエムオペラオーの鮮やかな勝利だった。「勝ったわ……。あいつスゲーな」。朦朧とした意識の中で、そう思ったことを覚えている。

ほかにも、取材の日時を間違えて記憶していたことで、ジョッキー対談の相手であるジョアン・モレイラを1時間半近く待たせてしまったり、最近もセリがある日にイベントの仕事をうっかり入れてしまったり、伊丹→札幌の飛行機を予約するところ、間違えて札幌→伊丹を予約してしまったり……。

ポカは相変わらずだ。日頃から気をつけているし、確実に減ってはいるのだが、どうにもゼロにはならない。

それが良いことなのか悪いことなのかわからないが、自分のポカでアクシデントが起こったとき、「あ、やってしまった……」とはもちろん思うものの、必要以上に焦ったりしないのも自分という人間。そんな様子を見て、将雅にいつも「周りがなんとかしてくれているだけですから！」と怒られている（笑）。

今まではなんとなく許されてきたが、厩舎を開業してからのポカは取り返しのつかないことにもなりかねないので、長年バレットを務めてくれた白濱幸子《しらはまゆきこ》さんにスケジュール管理をお任せする予定。とはいえ、油断は禁物。心して毎日を過ごさなくてはいけない。

騎乗ミスを自ら認める意味

「netkeiba」で2018年まで連載していたコラムでは、直近のレース回顧もテーマの一つとして取り上げていたが、その中で自分の力不足や判断ミスも素直に認め、原稿にもそう書いてきた。

そうしたマイナス面にも向き合わないと、自分の進歩もないと思ったからだが、ジョッキーの中には「気づいていない人もいるのだから、あえて伝える必要はない」という人もいた。それも一理あるとも思うが、やはり自分のスタンスとはちょっと違う。

自分が嫌なのは、敗因をはっきりさせないことで馬にツケが回ること。自分のミスで負けたのか、それとも馬のコンディションが原因で負けたのか。そこを曖昧なままにしておくと次につながらないし、自分のミスだとはっきりさせておけば、馬に余計な負担がかかることもない。

これは、ミスを認める、認めないとはまた違った話になるが、馬にツケが回るという意味でよくあるのが、人間の都合に合わせてレースを使うことだ。

たとえば、自分が乗っていた馬が中2週で京都のレースを使うとする。でも、その日は東京で乗る予定だから、自分は乗れない。そうすると関係者は「じゃあ1週延ばして京都で使おうか」と言ってくれたりするのだが、自分は「馬に合わせてください」と答えていた。

もちろん、「自分が乗れるときに使ってください」と言うジョッキーもいる。結果至上主義の世界において、勝ちを見込める馬であれば、そう言いたくなる気持ちは十分わかるし、否定するつもりもない。ただ、たった1週延ばしただけでも調子を崩してしまう馬がいることを考えると、どうしても「自分に合わせてください」とは言えなかった。

自分が勝つことだけを考えれば、乗れるときに使ってもらうのがベストなのは当たり前。でも、そのツケが馬に回る可能性があることを自分は許容できなかった。これはもう、どちらが正しいという以前の問題で、ホースマンシップの違いだ。

騎手リーディングを獲りにいくということは、そんなことも全部飲み込んで乗っていかなければならない。そうした時間を実際に経験して、馬の犠牲のうえに成り立つとはこういうことか、と思ったものだ。

もともと人間の都合に合わせるやり方は好きではなかったが、リーディングを獲ったことで、改めて自分にはガツガツとリーディングを目指すのは合わないと思った。それ以降は自分のホースマンシップに素直に従い、それを共有できる人たちとの仕事を優先。晩年は、自分の理想とする環境の中で仕事ができていた。

負けず嫌いではない稀有なジョッキー

師匠の北橋先生には、「祐一の性格は勝負事には向いていない」と散々言われてきたが、悲しいかな、自分でもそれはわかっていた。北橋先生は「勝負事は勝たなきゃダメだ!」という人で、それこそ口を酸っぱくして言われたが、どうしても「何がなんでも勝つ! 死んでも勝つ!」みたいな気持ちが湧いてくることはなかった。

もちろん勝負事だけに、負けてもいいとは決して思わない。しかし、負けず嫌いかとなると、それも違う。

あるライターさんに「自分は負けず嫌いじゃないからね」と言ったら驚かれ、「たくさんのジョッキーを取材してきましたが、みなさん口を揃えて『自分は負けず嫌いだ』と言います。『負けず嫌いじゃない』と言ったのは、福永さんだけですよ」と返されたが、こればかりは持って生まれた性格だからどうしようもない。

自分とは正反対だと思うのが（池添）謙一で、負けたときはものすごく悔しがる。さすがの自分も「もう少しうまく乗っていれば勝てたな」というレースは確かに悔しいが、謙一の場合、「あれ以外にない」と思える完璧な競馬でも負けても、悔しさを前面に出す。ない物ねだりに近いのかもしれないが、逆にすごいなと思うほどだ。

我が家の長女も、うまくいかないことがあると悔し涙を流したりする。そんな長女の姿に思わず感心し、「悔しくて泣くなんて、すごいことだよ。尊敬するよ」と言ったことがある。その後に、「パパは一度もなかったけど」という言葉もつけ加えて（笑）。

第5章でも書いたように、エピファネイアのダービー当日だけは眠れなかったが、悔しくて泣いたことは、ついに一度もなかった。

ほかの騎手では、ミルコ（・デムーロ）なんか、悔しさを1週間も引きずると聞いたことがあるし、フランキー（・デットーリ）もそうだったと映画で観たことがある。

自分はジョッキーという仕事に真摯に向き合ってきたし、アプローチが違うだけで、負けてもいいと思ったことは一度もない。それでも、悔し涙を流したり、何度も眠れない夜を過ごしたりしなかったのは、もともとどんなことでも受け入れるという考え方だからかもしれない。

結局のところ、ここでも執着のなさに行き着く。執着がないからこそ、「負けたら終わり」みたいな気持ちにもならないし、負けたら負けたで、そこから新しい何かが拓けるかもしれないという思考になる。

つまり、そもそもの性格が楽天的なのだ。ものすごくポジティブというわけではないが、何に対しても固執するのが嫌だから、とにかく切り替えが早い。

確かに勝負事には向いていない性格だったかもしれないが、圧倒的に負けることのほうが多いジョッキーという仕事において、この執着のなさと切り替えの早さが、あるときは武器となり、またあるときは自分の心を救ってくれたような気がしている。

ゲートを出遅れるのは騎手のせい!?

デビュー当時、とにかく結果を出すために戦術面の強化から始めた自分は、少しでも良いポジションを取るためには欠かせない、スタート技術の向上についても早くから取り組んできた。

その結果、いつの日か「スタートのうまさなら豊さんか祐一か」と言われるくらいまでになり、さらに経験を積むごとにどんどん精度も上がり、最終的には、スタートなら誰にも負けないと思えるくらいの自負もあった。

現代競馬におけるスタートの重要性は言うまでもないが、自分が若い頃からスタートを重要視したもう一つの理由は、出遅れを嫌うオーナーが多いから。乗せる側が何を嫌うかというと、昔も今も変わらず〝出遅れ〟なのだ。

ひとたび出遅れると「あー、出遅れやがった」と多くの人は騎手のせいにする。でも、実際は9割が馬側に原因がある。決してジョッキーを擁護するわけではなく、馬がゲートを出ているのに騎手の身体が遅れているとか、騎手の扶助操作がなっていなくて出遅れるといった事例は、あって1割、もっと言えば1割もないかもしれない。ただ、強制しきれないほどの気性や、圧倒的なスタートセンスの欠如も、言ってしまえば馬の個性。だから、馬が悪いというつもりは毛頭なく、あくまで原因として聞いてほしい。

「そうした課題を抱えた馬でも速く出すのがジョッキーの仕事だ」と言う人もいるが、それは違うと自分は思う。あくまでも出るのは馬であり、騎手の仕事は出やすい状況を作ること、出ていく馬にスムーズに随伴することだと考える。

これから自分も調教師として厩舎側の人間になるが、そうした課題を解消するために試行錯誤を続けるのは厩舎の仕事だ。だからこそ、馬の作り手は決して「どんな馬でも速く出すのがジョッキーの仕事」と言ってはいけないと思う。

理想は、出遅れの原因についてジョッキーからフィードバックを受け、ジョッキーと厩舎が一緒にその改善に取り組んでいくこと。スケジュール的になかなか難しいかもしれないが、トレセンでゲート練習をするにしても、本来はレースで乗る予定のジョッキーが跨《またが》ることが望ましいのは間違いない。

経験則から導き出したスタート論

スタートについては、現役の頃もアドバイスを求められることがあったが、同じ土俵で戦っている以上、そこは企業秘密であり、ごく限られた人にしか教えなかった。でも、引退した途端に「もういいでしょう」とばかり、若手が「教えてください!」と自分の元にやってくる。

本当に勝てずに苦しんでいる子には教えるが、ある程度勝っているジョッキーが気軽に聞きにきたら、「人が年月をかけて積み重ねてきた技術に対して、気軽に『教えてください』と言ってくるその感覚が、俺は好きじゃない」と、きっぱり言う。

なぜなら、ある程度の数に乗り、ある程度の勝ち鞍を挙げているジョッキーが、スタートが原因でそれ以上勝てないというのであれば、その技術を身につけるだけで軽く20~30勝は上積みできる効果があると思うからだ。その技術を「いいよ、いいよ」と気軽に教えるのは、やはりちょっと違うと思う。

正直、ゲートの出し方自体は、それほど難しいことはない。ゲート内での馬の姿勢を考えれば、騎手の取るべき重心の位置は自ずとわかるはずだ。

ただ、一歩目だけタイミングよく出ても、二歩目、三歩目で躓いたら意味がない。とにかく一歩目だけ速く出そうとするジョッキーが多い気がするが、本来はスタートを切った後の加速を含めてマネジメントするべきだと思う。

そこで難しくなってくるのが、馬によってやるべきことが違うこと。骨格も違えば筋肉のつき方も違うし、ゲートを出る瞬間の沈み方も違う。なかには沈まない馬もいて、個体差を挙げ出したらきりがない。そして、それぞれの対応の仕方は言葉で教えられるものではなく、経験則で積み上げていくもの。1頭1頭、意識を高めて、乗っていくしか方法はないのだ。

スタートは静から動への動きであるが、そもそもゲートの中では静の状態になっていない馬が多い。その理由も千差万別で、単なる練習不足であるケースのほか、狭いところが嫌で逃げ出したくて動いている馬もいれば、ただ単にジッとしていられない馬もいる。

ゲートの外でさえジッとしていられない馬に、ゲートの中でおとなしく立っていることを要求するのは無理な話で、そういう馬はゲート練習以前の話。まずは日々の調教の中で「静止できる」ことから教えなければ、スタートの改善は図れない。

課題に対する原因を見つけて、適切に対応する。多くの人が意外と見落としがちなのだが、そこは繊細に取り組むべきだと思うし、自分が携わった馬については実際にやってきた。なぜそうなってしまうのかの原因をきちんと見つけなければ、直るものも直らない。

そうやってトライ&エラーを繰り返しながら修正を重ねることで、高いレベルにまで持っていくのが競走馬だ。スタート一つを取っても、ごまかしごまかしやっているうちは、本当の改善は見られないと思う。

競走馬との距離感——感謝と尊重の気持ちを持って

これまで何度か、四位さんや（藤岡《ふじおか》）佑介《ゆうすけ》が馬を触っているのを見て、「かわいくて、かわいくて仕方がないんだな」と思ったことがある。それが四位さんや佑介の馬との距離感なわけだが、その点において、自分はちょっと独特だ。

北橋厩舎の所属時代には、調教の段階からすべての所属馬に乗っていたこともあって、競走馬への興味というのは最初からあった。馬が変化していく過程が好きだったし、たとえば別の厩舎の馬で「良い馬だな」と思う馬がいたら、調教だけでいいから乗せてほしいと思うほどだった。

ただ、「かわいい」とは思わないし、いわゆる愛《め》でるような触り方はしない。栗東に住んでいたとはいえ、子供の頃から身近に馬がいる環境ではなかったし、なにしろ競馬に興味がなかったから、馬に触ってみたいと思ったこともなかった。

27年間もジョッキーをやってきた自分が言うのもなんだが、子供時代の免疫のなさからなのか、馬が本気になったら絶対に人間は敵わないという思いがどこかにあって、今でも馬に対しては怖いという気持ちがある。

少なくとも自分の目に映る馬はアスリートであり、ビジネスパートナー。今までもこれからも、きっと「かわいい」と思う対象にはならないだろう。

ビジネスパートナーというと、とても割りきった関係のように聞こえるかもしれないが、決してそうではない。尊重している自負があるし、感謝の気持ちを忘れたこともない。

競走馬がそうした存在であることを最初に教えてくれたのは、北橋先生だ。もう30年近く前になるが、競馬学校の授業の一環で厩舎を訪れたとき、自分は先生に呼ばれ、ある場面に立ち会うように言われた。

それは、自分も何度か調教に乗ったことがあったストロングアモールという馬の安楽死の場面。レース中に骨折して競走を中止し、安楽死処分が決定していた。馬房《ばぼう》の前に自分を立たせて、北橋先生は言った。

「いいか、祐一。ちゃんと見ておくんだ。俺たちの仕事というのは、こういう犠牲のうえに成り立っているんだぞ」

一部始終を見ていたそのときの自分は、ただただ声を上げて泣くことしかできなかったが、あの出来事から受けた影響は、今でもホースマンの矜持《きょうじ》として自分の中に深く残っている。

北橋先生があの出来事を通じて自分に教えたかったのは、「競走馬は命を懸けて走っていること」「だからこそ競走馬に対しては真摯でいなければいけないこと」「でも過度な思い入れは禁物であること」など、この世界で生きていくうえで必要な覚悟のようなものだったに違いない。

人間と競走馬の距離感に正解はないけれど、これからも感謝と尊重の気持ちだけは絶対に忘れずにいたいと思う。

第10章

転身

Transform

騎手への憧れがないぶん、執着もなかった

第1章でも書いたが、自分は騎手に憧れてなったわけではない稀有な存在だったと思う。稀有どころか、古今東西、自分だけかもしれない。

言うまでもなくケガはつき物だし、ときには命の危険も伴う仕事だ。それでもみんな、リスクよりも憧れが勝って騎手になる。

もちろん、自分も父の姿を見ていたし、リスクが伴う仕事であるのは重々承知していたが、自分を突き動かしたのは「何かで一番になりたい」という気持ちと、「騎手を目指さなかったら、後々きっと後悔する」という直感のみ。騎手という職業に対する憧れは少しもなかった。

そのスタートの違いは、現役時代もさまざまな形で現れたように感じる。たとえば、海外で乗ることについても、騎手に憧れてこの世界に入った豊さんは、若い頃か

ら単身で海を渡り、本場といわれるヨーロッパで経験を重ね続けた。

自分も2カ月ほどアメリカに行ったが、結局、長期遠征はその一度だけ。世界に認知され、各国を飛び回るような存在になりたいと思ったことはなかった。

どちらが良いとか悪いではなく、豊さんも自分も「名手の二世」という同じ境遇に生まれながら、ジョッキーとしてはまったく違う生き方をしてきた。その違いを生んだのは、やはりジョッキーを目指した動機が一番大きいような気がする。

それ一つを取っても、騎手に憧れてなった人、そうではない人の違いと言えるだろうし、何よりその違いを最も感じたのは、自分が辞める決断をしたときだ。

ムチを置く先輩たちを何人も見てきたが、ほとんどの人がその間際になっても、心のどこかに「辞めたくない」という気持ちがあるように見えた。それはある意味で当然だ。憧れを原動力に狭き門を突破し、夢を叶えた人たちばかりなのだから。

しかし、自分には「辞めたくない」という気持ちはなかった。この本に何度も登場する言葉だが、憧れがないぶん、執着もなかったからだ。

引退式で話した「後悔は尽きないが、未練はない」という言葉は偽らざる本心であり、むしろ調教師としてスタートするのが待ち遠しいくらいだった。

ジョッキーを目指す前はずっとサッカーをやっていたが、その頃からゴールを決めることよりも、ゴールにつながるパスを出すほうにやりがいを感じるタイプだった。

競馬界でゴールを決める人といえばジョッキーであり、先頭でゴールを駆け抜けるのは確かに気持ちがいい。しかし同時に、自分はゾッとする感覚を常に感じてもいた。

どんなレースでも1着を獲れば、その馬に携わる関係者みんなが喜び、笑顔になる。逆に言うと、もし負けていたとしたら、彼らのその笑顔はなかったということ。祝勝会では、いつもそんなことを考えて、背筋が寒くなることが何度もあった。そのため、大きいレースを勝ったときなどは手放しで喜んでいいはずなのに、なぜか心から喜ぶことはできなかった。

1頭の馬の勝利が、携わるすべての人を笑顔にする――。現場の人間からすると、これがまさに競馬の醍醐味なのだが、そのぶんだけゴールを決める人間の責任は重い。現役の頃は、心から喜べない自分の気持ちに説明がつかなかったが、おそらくその責任の重さに怖さを感じていたのだと思う。

ゴールを決める人がジョッキーならば、ゴールにつながるパスを出すのが調教師だ。セカンドキャリアはまだ始まったばかりだが、性に合っているのは、おそらく後者だろう。自分の心の変化を知るためにも、早く祝勝会を開ける調教師になりたい。

調教師試験に一発合格できた「勝因」とは

調教師試験に向けた勉強を始めたのは、確か2022年の2月。前年12月の香港スプリントでの落馬負傷から復帰した頃だったと思う。結果的に一度目の受験で合格することができたが、当初は2カ年計画だった。

ごく一部の人以外には内緒で勉強していたから、年間を通じて騎乗数も絞らず、週末はそれまでどおり競馬に乗っていた。しかし、一度目の試験に落ちたとなれば一気に周知されるだろうから、そうなったら二度目の試験前1カ月程度は騎乗数を制限して、確実に合格を獲りにいこう、そんなプランを立てていた。

それ以前から、いつか受けるであろう調教師試験に備えて、記憶が定着する仕組みなどについて本を読んだり、関連するYouTubeを見たりして準備していた。たとえば、一日10時間勉強したところで、脳の容量を超えてしまったら意味がない。朝型か夜型かを知ることも大事で、とにかく効率よく勉強を進めたかった。

自分は朝型だったから、頭を使うような問題は朝、ひたすら暗記をするような分野は午後に取り組むことにし、平均して一日4～5時間を試験勉強に費やした。

それまでどおり競馬に乗りながら、なぜ一発で受かったのかとよく聞かれるが、勉強がまったく苦痛ではなく、むしろ楽しかったことが大きいのかもしれない。

こう言うと、「調教師試験の勉強が楽しいなんて……」と驚かれるが、調教師になりたくて勉強をしているのだから、その内容はどれも興味のあることばかり。一次の筆記試験の内容は、競馬法規に始まり、馬術や調教法、馬学、獣医学、衛生学と多岐にわたるが、どんどん知識が入ってくるのが面白かったし、時間があればもっと勉強したいなと思いながら、ずっと机に向かっていた。

自分の翌年に受験した秋山《あきやま》（真一郎《しんいちろう》）も似たタイプで、何度か試験について相談を受けたが、そのたびに「良い勉強の仕方をしているな」と思っていたら、案の定、一発合格。やはり、一つひとつの事柄をいかに記憶として定着させるかが肝だと思う。

調教師試験に何度かチャレンジしても「全然覚えられません」という人もいるが、よくよく話を聞くと、すべてを暗記で乗りきろうとしていたりする。

たとえば競馬法規を覚えるにしても、第何条の云々かんぬんという文言をひたすら暗記するのではなく、何を防止するためにその法規があるのか、どういう悪行を防止するためにその法規が作られたのかという、一つの〝出来事〟として頭に入れれば、丸暗記を試みるよりも興味が持てるはずだし、記憶としても定着しやすいはずだ。

とはいえ、現実問題として時間は足りなかったので、すべての課目を記憶できたわけではなく、合否は出題傾向によるな……というのが正直なところだった。だから一次試験の合格を知ったときは、もちろんうれしかったのだが、少しとまどいを感じた自分もいた。

高校1年生のとき以来、30年ぶりに勉強らしい勉強をしたが、やはり興味のあることだからか面白かったし、学生当時よりもむしろ記憶が定着しやすかったのには、自分でも驚いた。好きこそ物の上手なれ。やはり、これに勝るものはない。

騎手として感じたトップステーブルの共通点

ジョッキー上がりの調教師は、調教助手から調教師へ転身した人と比べ、たくさんの厩舎と仕事をしてきたという点が一つの強みだと思う。

自分もさまざまな厩舎と仕事をする中で感じるものは多々あり、なかでもトップステーブルの共通点として感じたのは、レースでも調教でも、ジョッキーからのフィードバックを大事にしていることだ。すでに解散してしまったが、ウオッカやエピファネイアを手がけた角居勝彦厩舎はまさにそうで、若手からベテランまでどんなジョッキーを乗せても、ジョッキーたちの意見を軽視することなく大事にしてくれた。その点は自分も調教師として大事にしていきたいと決めていることの一つだ。

どれだけ追い切りの動きが良かったとしても、最後のバトンを託されて競馬に向かったジョッキーが「良くなかった」と言えば、そこはきちんと受け入れるべきだと思う。そのうえで、追い切りでは良かったのに、なぜレースで力を発揮できなかったのか、その理由を見極める精査をしなければ、同じことを繰り返すハメになるからだ。

実際、ジョッキーがフィードバックをしても、「そんなことないよ」となかなか受け入れない厩舎もある。たとえばジョッキーが、「もっと短い距離のほうが良さそうです」と言っても、次もまた同じ距離を使ってきたりするケースは少なくない。

調教師やスタッフの考えや感覚もあるから、何らかの判断基準があるのだと思うが、ジョッキーからのフィードバックを大事にする厩舎のほうが、実際に結果を出していたように感じる。

スタッフ全員が意見を出し合える環境作りを

2023年の12月中旬、2024年3月での開業が決まったのとほぼ同時に、福永祐一厩舎の馬房数が18に決まった。

16馬房か18馬房かによってスタッフの人数が変わるため、馬房数が決まるまではスタッフの人数を確定できずにいたが、18馬房に決定したことで、厩務員と持ち乗り厩務員9名、攻め馬専門の調教助手2名、そして自分。福永厩舎12名の面々が出揃った。

所属していた北橋厩舎が解散して以降は、毎週の騎乗馬を管理する厩舎とのやり取りは当然あるとしても、基本的には一人。考えを共にするという意味ではコーチやエージェントがいたが、それにしても1対1という関係性の中で仕事を進めてきた。

それが一気に大所帯の長となるわけで、自分とスタッフたちとの化学反応が楽しみである反面、チームの雰囲気作りや方向性、自分とスタッフとの関係性の構築など、日々試行錯誤しながら作り上げていくことになるだろう。

そのなかでも、対スタッフとの関係性においては決めていることがある。まずは、自分の考えばかりを押しつけないことだ。仕事に対する取り組み方や考え方は、人によって当然違う。自分の考えに共感はしてほしいが、決して押しつけるようなことはしないと決めている。

チームとしては、それぞれの意見を言い合える環境を作ること。キャリアの浅いスタッフは、どうしても意見を出しづらい点もあると思うが、そのあたりはベテラン側から促して若いスタッフの意見も取り入れ、ベテランもそこから刺激を受けてほしいと思っている。こうした環境作りは、まず初めに自分が取り組むべき仕事だ。

先述したとおり、自分とスタッフたちとの化学反応が楽しみで、そのためにも全員が意見を出し合える環境作りが大事だと思っている。「まだ誰もやっていないけれど、こんなことをやってみようか」と意見を出し合い、自分たちのチームから新しい調教概念を生み出していけたら最高に面白いはずだ。

馬具をはじめ、馬を管理するために必要な道具については、共通認識を持ってもらいたいという思いもある。いろいろな厩舎を見ていると、きちんと道具を手入れしていないスタッフも少なくない。そういう場面に出くわすたびに、「自分が毎日使う箸は洗っているはずなのに……」と悲しい気持ちになった。

そういうところに気の回らない人間が、馬のちょっとした変化に気づけるとは思えない。道具を丁寧に手入れしたからといって、能力の足りない馬が走るようにはならないかもしれないが、道具の管理を怠っていると、巡り巡って能力のある馬の大事な芽を摘んでしまいそうな怖さがある。

ジョッキーの中にも道具を大事にしない人がいるが、自分の命を守ってくれるものであり、大切に扱うべきだとずっと思っていた。厩舎で管理する道具も同じだ。馬のため、仲間のためにも繊細な感覚を持たなければ、良い仕事は決してできない。

一発合格が引き寄せた〝奇跡〟の巡り合わせ

自分を入れて12人でスタートする福永厩舎だが、なんと厩務員9人のうち、4人が北橋厩舎、瀬戸口厩舎の元スタッフという奇跡が起きた。みんな自分より年上の、頼れるベテランだ。

奇跡というと少し大げさだが、「こういうものを縁と言うのだな」としみじみと思わずにはいられなかった。というのも、新規開業の厩舎は、同年に解散する厩舎からスタッフを集める形式を取る。つまり、今年解散する厩舎の中に、たまたま北橋厩舎と瀬戸口厩舎の元スタッフがいたということだ。もちろん狙ったわけではない。なにしろ、自分が一発で試験をクリアしていなければ実現しなかったことだから。

そのうちの一人は、ラインクラフトを担当していた方で、開業後2カ月で定年を迎える。本当はもっと一緒に働きたいのだが、こればかりは仕方がない。2カ月とはいえ、また一緒に仕事ができるだけでも幸せなことだ。

ジョッキーの頃から、いろいろな人に「祐一は調教師向きだ」と言われ、実際にこうして転身できたものの、年間の勝利数を30に乗せるまでに、現在トップステーブルである杉山晴紀調教師で4年、中内田充正《なかうちだみつまさ》調教師でも3年かかっているように、厩舎はそんなに簡単に軌道に乗るものではない。

それは十分わかっているが、自分の場合、現2歳世代からすばらしい馬を預託してもらうことが決まっている。正直、新規開業する厩舎としては、ありえないラインナップだと思う。もちろん、最初は他厩舎から引き継いだ馬でのスタートとなるが、それにしても福永厩舎の開業一発目となるレースは、大きく注目されることもわかっている。

勝てるラインナップを用意してもらった騎手デビュー時とは状況こそ違うが、同期の調教師よりかなり前にスタートラインが設定されているという意味では、セカンドキャリアも同じだ。

だからこそ、厩舎を軌道に乗せるまでのスパンを5年単位で考えるのが普通であるならば、おそらく自分の場合は3年。それまでに一定以上の結果を出すことが求められていると思うし、関係者はそこで一度、福永厩舎を評価するだろう。

焦りやプレッシャーはまったくないし、むしろワクワクしているのだが、最初から結果を期待される良い馬の依頼が多いのも事実なので、やはり経験と高い技術を持っているスタッフが必要不可欠だった。

そこに現れたのが、北橋厩舎と瀬戸口厩舎の元スタッフ。こんなに心強いことはない。「ウチの厩舎で働きませんか?」と声をかけたら、「え～、俺でいいのか?」なんて言う人もいたが、自分からしてみれば、こちらこそという思いだ。

4人はみんなベテランで、先述したように早い人で開業から2カ月、長い人でも3

年で定年を迎える。自分が考えている軌道に乗せるまでのスパンは3年。一番大事な時期に彼らの力を借りることができるなんて、自分は本当に恵まれていると思った。

まだ確定事項ではないが、実はもう一つ、奇跡のようなことが起こるかもしれない。新規開業の厩舎は、まずは準備厩舎という仮住まいからスタートするので、決定するにしてもだいぶ先になるが、タイミングさえ合えば、もともと北橋厩舎があった場所に自分の厩舎が入る可能性が出てきた。スタッフの再集結に加えて、厩舎の場所まで同じなんていうことになれば、これはもう運命だ。

未熟な騎手としてスタートを切ったあの場所から、調教師としてスターホースを送り出せたら――北橋先生への何よりの恩返しになるような気がしてならない。

「最後の決断」――あとがきに代えて

「ここで騎手を目指さなかったら絶対に後悔する」

まったく競馬に興味がなかった自分が「何かで一番になりたい」と思い、そんな直感に突き動かされたのが14歳のとき。その「最初の決断」から約30年後――。

「もし今、自分の命にかかわるような落馬事故が起こったら、『調教師になっておけばよかった』と後悔するだろう」

ふと、そんなことを思う機会があった。もちろん、ある日突然に降って湧いてきたわけでも、2021年12月の香港スプリントでの落馬がそう思わせたわけでもない。

もっとずっと前から、「もし次に大きなケガをしたら……」という漠然とした思いは持っていたし、そこにいろいろな出来事、いろいろな思いが重なった結果、そのタイミングが来たことを感じ取ったに過ぎない。

もし自分が、ジョッキーという仕事にしか興味がなく、〝生涯現役〟を目標とするような騎手だったら、「ダービーは3回も勝てたけど、まだ宝塚記念も有馬記念も勝っていないし」「これからはもっと海外のレースにも挑戦して……」となるのだろう。

しかし、本文で書いたように、もともと自分にはジョッキーという仕事に対する執着がなく、むしろ晩年は競走馬への理解度が深まると同時に、調教師という仕事への好奇心が高まっていた。

徐々に高まる好奇心を自覚する一方で、週末は命を懸けて競馬に挑む日々。そんな中で脳裏をよぎったのが、冒頭の「もし今、命にかかわるような落馬事故が起こったら……」という思いだ。それが意味するのは、調教師という仕事への興味が、騎手という仕事の魅力を上回ったということ。

動き出すときが来たと思った。

2022年2月、2023年度の調教師試験に挑戦することを決意。一発で合格する自信があったわけではないが、結果的にこれがジョッキーとしての「最後の決断」

になった。

思えば、決断までの心の動きは、ジョッキーを目指すことを決めたときと同じ。自分の気持ちと向き合い、どうなったら後悔するかを想像する――。自分が大きな決断をする際の一番の判断材料は、10代の頃も40代の今も、やはりこれがベースなのだと改めて気づかされた。


2022年12月8日、自分が調教師試験に合格したことが一斉に報じられた。結果論だが、騎乗数は絞らず、勝ち星のペースも前年と変わらなかったから、試験を受けていたことも含め、驚いた人が多かったはずだ。さすがに金屏風はなかったが(笑)、さっそく記者会見の場が設けられ、メディアの取材も数多く舞い込んだ。

「引退を決意したきっかけは?」

「調教師になりたいという気持ちが、騎手を続けたいという気持ちを上回ったから」

こうしたやり取りを取材の場で繰り返したわけだが、決してたった一つの出来事が引き金になったわけではない。

40代も後半に入った中で、妻とまだ小さな3人の子供がいるという現実に加え、シャフリヤールで藤原英昭厩舎と一緒にダービーを勝てたこと、香港スプリントで落馬したこと――。今振り返ると、そのどれもが自分の気持ちを転身に向かわせた要素だったと感じている。

そして何より、コントレイルという馬に出会えたこと。

これだけは言いきれる。もしコントレイルに出会えていなかったら、自分は今でもジョッキーを続けていただろう。

2018年にワグネリアンでダービーを勝ったことで、「自分に欠けていたピースはこれだったのだ」と思えるほど精神的に解放されたし、本文でも書いたとおり、一番つらい時期に支えてくれた友道康夫厩舎と共にダービーを獲れたことも自分の中で大きく、言葉にできないほどの達成感を味わった。

2018年といえば、40歳を過ぎて馬に対する理解度も深まり、技術的にも手応えを感じていた頃。そんな中で「これしかない！」と腹を括《くく》った騎乗でダービーを勝てたことで、さらに迷いがなくなり、だいぶ遅咲きではあるが、ジョッキーとして今がピークだという実感があった。

今ならジョッキーとして、間違いなくクオリティの高い仕事ができる。今こそ、豊さんでいうディープインパクトのような、謙一でいうオルフェーヴルのような、自分のジョッキー人生を代表するスターホースに出会いたい――。その時点で残された願いは、それだけだったと言っていい。

そんなときに出会った馬がコントレイルだ。

2019年9月、新馬戦の1週前追い切りで初めて騎乗したのだが、「軽い馬だな」というのが第一印象で、阪神芝1800mで迎えた新馬戦は好位からあっさり抜け出し、初戦からセンスの良さを感じさせた。勝ちっぷりも鮮やかで、間違いなく良い馬ではあったが、正直、GIを意識させるような特別感はなかった。

その印象が一変したのが、2戦目の東京スポーツ杯2歳S。自分は騎乗停止中で乗ることができず、手綱を取ったのは短期免許で来日中のライアン・ムーアだった。5馬身差という勝ちっぷりもさることながら、掲示板に表示されたのは1分44秒5という驚愕の2歳レコード。「この馬はGⅠを勝てるのでは」と思った瞬間だった。

だが、騎乗停止という不甲斐ない理由で乗れなかったこともあり、次走に予定されていたホープフルSもライアンが乗るのかな……と思っていたところ、コントレイルのオーナーブリーダーであるノースヒルズの前田幸治《まえだこうじ》代表（馬主は前田幸治氏の弟である前田晋二《しんじ》氏）から、「次はお前だからな」と声をかけられた。今となっては、この一言がコントレイルの三冠ロードの始まりだったと言っていい。

前田代表は以前から、「一緒にダービーを獲ろうな」と言ってくれていた人だった。そんな前田代表の馬だからこそ、調教の段階から、自分の持てる技術と情熱をすべてコントレイルに注ぎ込むことができた。具体的には、矢作芳人《やはぎよしと》厩舎の金羅隆《きんらたかし》くん（コントレイル担当の持ち乗り厩務員）と情報を共有し、それこそ、良いバランスで歩かせることから始めた。

その後も、短距離馬が多い血統背景を持つコントレイルに、いかにクラシック三冠ロードを歩ませるか。放牧先の牧場サイドとも連携を取りながら、まさに三位一体でコントレイルに向き合った。

それに応えるように、コントレイル自身も大きく変化。その変化が結果に直結し、ホープフルSから2020年の皐月賞、日本ダービー、神戸新聞杯、菊花賞まで連戦連勝。2歳時の走りと3歳時の走りは別物と言えるまでに進化を遂げた。もともと距離が延びることに不安があった馬だから、三位一体の取り組みがなければ、三冠を達成できたかどうかわからない。

それくらいみんなで情熱を注いだし、自分としても、かつてないやりがいを感じた時間だった。なにより、自分がそれまでに培った経験則をすべて注ぎ込んだことで、「どのようにすれば強い馬を作れるのか」という答え合わせができたのが、自分のジョッキー人生において非常に大きかった。

経験則でいえば、二冠が懸かったダービーで怖いほど冷静に乗れたのは、間違いなくワグネリアンでの経験があったからだ。こうして競馬は、すべてがつながっている。

父ディープインパクト以来となる無敗のクラシック三冠を達成した翌年には、ジャパンカップでも強い競馬を見せてくれたコントレイル。脚元に不安を抱えた中での勝利だっただけに、その走りに心から感動し、涙をこらえることができなかった。

コントレイル　ジャパンカップ　2021年　撮影／髙橋由二

コントレイルの翌年には、藤原英昭厩舎のシャフリヤールで三度目のダービー制覇。ワグネリアンとコントレイルでの経験があったからこそ、早い段階で「ダービーを勝てる素材」と確信。厩舎と共に、そこを目指して作ってきた馬だった。

第2章で書いたように、後ろ盾も自信も失った自分に、ゼロから馬術の技術を叩き込んでくれたのが藤原調教師だ。自分が調教師になってからもお世話になりっぱなしであり、藤原調教師がいなかったら間違いなく今の自分はいない。

それだけ助けてもらいながらも、自分の手綱で勝ったGIは高松宮記念（2019年・ミスターメロディ）の1勝だけということがずっと気にかかっていた。

だからこそ、シャフリヤールでダービーを勝ったときには「これでもう、やり残したことはない」と思えた。コントレイルに続き、最高の答え合わせができたからだ。

コントレイル、そしてシャフリヤール。この2頭は、その走りを通じて、自分がやってきたことが間違いではなかったと教えてくれた。

ダービーという大舞台で2年連続の答え合わせができたとなれば、これからはもっともっと勝てる——。そう思うジョッキーが大半かもしれない。

だが、自分の気持ちは、「またイチから、正解がわからない問題にチャレンジしたい」という方向にどんどん引っ張られていった。それが調教師という仕事への好奇心であり、転身を決める大きな原動力になったのは間違いない。

ただ一つ思うことがある。それは、「はたして自分にジョッキーとしてのセンスや天賦の才があったとしたら、どうだっただろうか」ということだ。

シャフリヤール　日本ダービー　2021 年　撮影／髙橋由二

たとえば、すばらしいバランスで乗れるとか、馬に限界以上の動きをさせられるとか、驚異的なレース勘があるとか、そういう力があったとしたら──。仮定の話になってしまうが、おそらく自分の限界までジョッキーを続けていたような気がする。少なくとも、こんな幕引きはできなかったはずだ。

結果的に、どちらの人生が良かったのかは答えの出ない話だが、今は素直に「天才じゃなくてよかった」と思っている。なぜなら、心の底からワクワクしながら、セカンドキャリアに歩み出そうとしている自分がいるからだ。

もちろん、選び取った道が正解につながるかどうかは、進んでみないとわからない。「俺、調教師には向いてなかったな」という結果も十分にあり得るし、そういう可能性もあるだろう。ただ、どんなことであれ、負けたらそこで終わりではない。俯瞰で眺めてみたら、意外とたくさん道はあるものだ。

調教師として、新たなスタートを切る2024年。

競走馬の奥深さに魅せられた一人のホースマンとして、また別の扉から答えを探す旅に出られることを、今はとても幸せに感じている。

福永祐一

ワグネリアン　日本ダービー　2018年　撮影／高橋由二

東京
10R
Ⅰ
Ⅱ
Ⅲ
Ⅳ
Ⅴ
芝
17
ワグネリアン

ワグネリアン　日本ダービー　2018年　撮影／高橋由二

コントレイル　日本ダービー　2020年　撮影／髙橋由二

コントレイル　菊花賞　2020年　撮影／高橋由二

2

ジャスタウェイ　ドバイデューティフリー　2014年　撮影／髙橋由二

シーザリオ　オークス　2005年　撮影／高橋由二

シーザリオ　アメリカンオークス　2005年　撮影／髙橋由二

エピファネイア　菊花賞　2013年　撮影／高橋由二

史上4人目の通算2600勝　2022年　撮影／高橋由二

歴代トップとなる13年連続の年間100勝　2022年　撮影／高橋由二

国内最終騎乗セレモニー（東京競馬場） 2023年 撮影／髙橋由二

引退式（阪神競馬場） 2023年 撮影／高橋由二

セレクションセール（北海道・新ひだか町）　2023年　著者提供

セプテンバーセール（米国・キーンランド）　2023年　著者提供

セレクションセール（北海道・新ひだか町）　2023年　著者提供

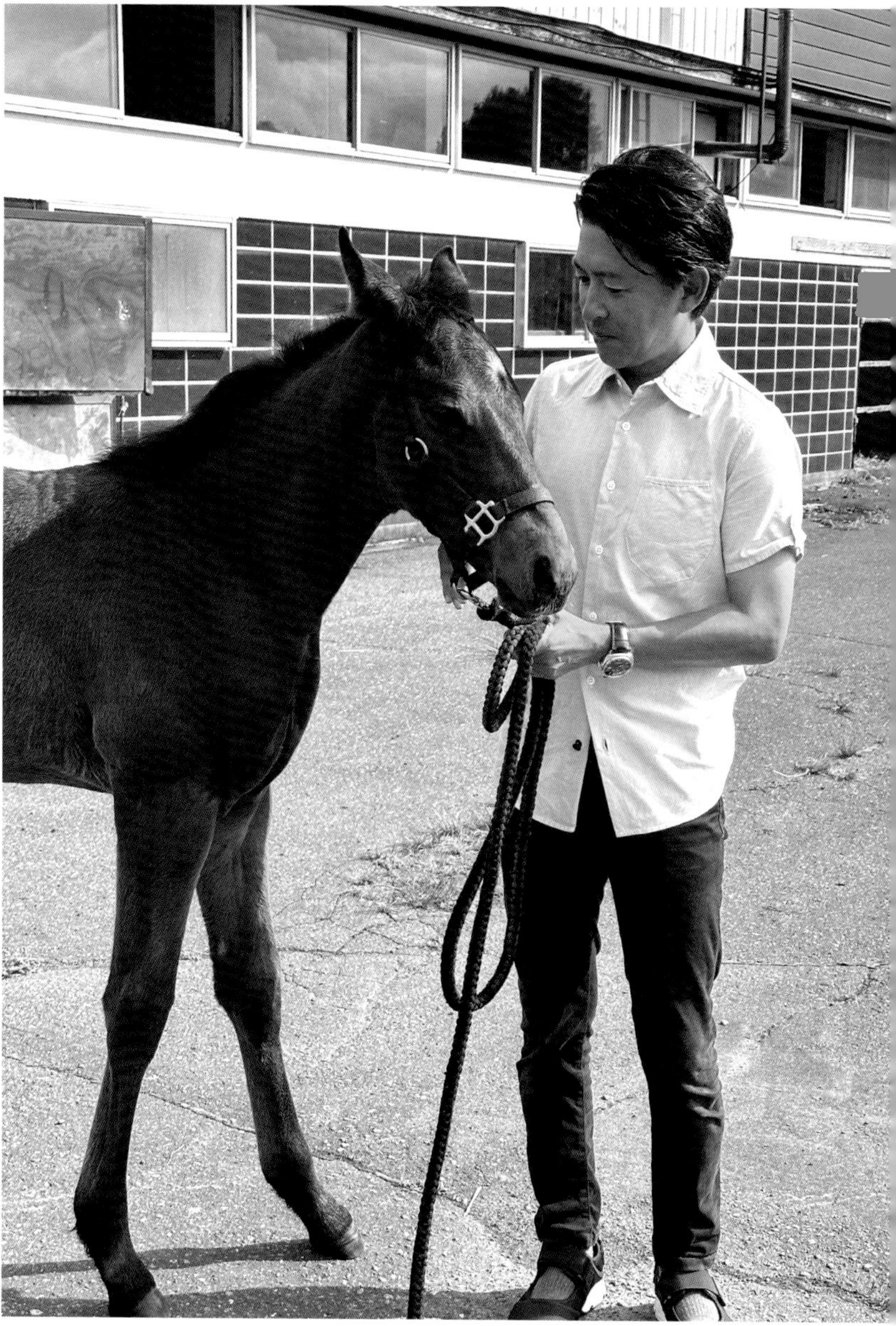

撮影／HARUKI

福永祐一

（ふくなが・ゆういち）

1976年生まれ。父は現役時代に「天才」と呼ばれた元騎手の福永洋一。96年にデビューし、最多勝利新人騎手賞を受賞。2005年にシーザリオでオークスとアメリカンオークスを制覇。11年、全国リーディングに輝き、JRA史上初の親子での達成となった。18年、日本ダービーをワグネリアンで優勝し、父が成し遂げられなかった福永家悲願のダービー制覇を実現。20年、コントレイルで無敗のクラシック三冠を達成。23年に全盛期での引退、調教師への転身を決断。自身の厩舎を開業してセカンドキャリアをスタートさせる。

Instagram　@Yuichi.Fukunaga_official

俯瞰《ふかん》する力《ちから》
自分《じぶん》と向《む》き合《あ》い進化《しんか》し続《つづ》けた27年間《ねんかん》の記録《きろく》

2024年3月 1 日　初版発行
2024年3月30日　再版発行

著者／福永祐一《ふくながゆういち》

発行者／山下直久

発行／株式会社KADOKAWA
〒102-8177　東京都千代田区富士見2-13-3
電話　0570-002-301（ナビダイヤル）

印刷所／大日本印刷株式会社
製本所／大日本印刷株式会社

●お問い合わせ
https://www.kadokawa.co.jp/（「お問い合わせ」へお進みください）
※内容によっては、お答えできない場合があります。
※サポートは日本国内のみとさせていただきます。
※Japanese text only
定価はカバーに表示してあります。

ISBN 978-4-04-606707-4　C0030